Bärbel Wardetzki • Eitle Liebe

Bärbel Wardetzki

Eitle Liebe

Wie narzisstische Beziehungen
scheitern oder gelingen können

Kösel

Für meinen Vater

Verlagsgruppe Random House FSC-DEU-0100
Das für dieses Buch verwendete Papier *Munken Premium*
liefert Arctic Paper, Munkedals AB, Schweden.

3. Auflage 2012
Copyright © 2010 Kösel-Verlag, München,
in der Verlagsgruppe Random House GmbH
Umschlag: Griesbeck Design
Umschlagmotiv: The Tango of the Archangel, Kees van Dongen,
© VG Bild-Kunst, Bonn 2009
Druck und Bindung: GGP, Media GmbH, Pößneck
Printed in Germany
ISBN 978-3-466-30862-0

www.koesel.de

Inhalt

Einleitung

Das tanzende Paar der eitlen Liebe wiegt sich selbstverliebt im gemeinsamen Rhythmus. Es zeigt bildlich, wie sich Partner in narzisstischen Beziehungen erleben: Sie liegen sich in den Armen, sind sich körperlich nah, aber sie sehen sich nicht. Gerade der enge körperliche Kontakt verhindert den Blick auf den anderen, denn um jemanden sehen zu können, brauchen wir etwas Abstand. Auch scheint es, als sei jeder mehr mit sich selbst beschäftigt und brauche den anderen nur, um den Tanz zu vollführen.

Die Begegnung wird dadurch zum Vehikel der Selbstdarstellung. Solange der Mann der Frau das Gefühl gibt, besonders und unwiderstehlich zu sein, fühlt sie sich begehrt und geliebt. Sie ihrerseits vermittelt dem Mann Besitzerstolz, denn womit schmückt sich ein Mann lieber als mit einer schönen Frau – das Auto einmal ausgenommen?

Dieses Szenario ist an sich nicht ungewöhnlich, denn jede Begegnung kann einen narzisstischen Nutzen haben, indem das Gegenüber das eigene Selbstwertgefühl stärkt. Das finden wir in Zweierbeziehungen ebenso wie in Freundschaften oder Nachbarschafts- und Arbeitsbeziehungen. Lob, Anerkennung und Zuwendung bestätigen uns als Person, verbessern unser Selbstbild und machen Lust auf mehr Kontakt. Diese Form der narzisstischen Dynamik ist positiv und daher erstrebenswert: Personen, die uns zugewandt sind, suchen wir auf, da wir uns durch sie geachtet und wohl fühlen, Menschen, von denen wir uns abgelehnt fühlen, meiden wir.

Wie stark ein Mensch nun in seiner Selbsteinschätzung von der Bestätigung anderer abhängt, entscheidet über die Art und Weise der Beziehung. Ein Mensch mit einem eher stabilen

Selbstwertgefühl, der um seinen Wert weiß, wird die Zuwendung und Anerkennung positiv nutzen können und sich darüber freuen. Ein Mensch mit einem geschwächten oder instabilen Selbstwertgefühl dagegen wird die Zuwendung notwendig brauchen, um sich nicht abwerten zu müssen und ein Minimum an Selbstwertgefühl aufzubauen. Er ist in größerem Maße abhängig von der positiven Einschätzung der anderen, um seine Selbstzweifel zumindest vorübergehend in Schach zu halten. Das hat Konsequenzen für die Beziehung, denn er wird sich entweder anpassen, um geliebt zu werden, oder sich großartig darstellen, um bewundert und verehrt zu werden. Diese beiden Varianten sind zwei grundlegende narzisstische Reaktionsmuster: die minderwertige oder depressive und die grandiose Form.

Natürlich haben auch Menschen mit einem stabilen Selbstwertgefühl Selbstzweifel, wenn ihnen etwas nicht gelingt oder sie sich zurückgewiesen fühlen, sie besitzen jedoch genügend »seelisches Handwerkszeug«, um nicht in eine Minderwertigkeitsdepression zu verfallen. Auch bei Misserfolg und Verlassenheit bleibt ihnen ein ausreichendes Quantum an Selbstwertgefühl und Selbstliebe erhalten.

Anders stellt sich die Situation bei Menschen dar, die ein schlechtes Selbstwertgefühl besitzen und sich permanent beweisen müssen, gut zu sein. Sie haben ein narzisstisches Defizit, das sie durch Zuwendung, Anerkennung, Erfolg, Beliebtheit, Statussymbole oder besondere Leistungen auszugleichen versuchen. Auch wenn sie geliebt und geschätzt werden, bleibt der Selbstzweifel, ob der andere es auch ehrlich meint. Ihre Selbsteinschätzung ist so schlecht, dass sie sich gar nicht vorstellen können, dass jemand sie wertschätzen könnte. Das sind die sogenannten depressiv-narzisstischen Menschen, die überall Ablehnung vermuten und das Positive nicht für sich gelten lassen können, außer sie erfüllen übersteigerte Erwartungen an sich. Nur, wenn sie besser sind als alle anderen, sind sie in Ordnung. Erfüllbar ist diese Idealvorstellung nicht, weshalb sie immer hinter ihren Erwatungen zurückbleiben und sich als Versager fühlen. Ihr Selbstwertgefühl wird dadurch immer instabiler.

Die andere Variante sind die sogenannten grandiosen Narzissten, die im Grunde auch nicht viel von sich halten, ihr Mangelgefühl aber durch Großspurigkeit überdecken und sich vormachen, die Größten zu sein. Sie erlauben sich ihre Selbstzweifel gar nicht, sondern projizieren sie auf die anderen. Die sind dumm und unzulänglich, sie selbst unübertroffen gut.

In Zweierbeziehungen entpuppt sich ein grandios narzisstischer Mensch häufig als eitel, egozentrisch und selbstbezogen, verbunden mit viel Leid für den Partner oder die Partnerin. Das anfänglich überwältigende Gefühl, das beide füreinander haben, wird getrübt und die Hoffnung auf gegenseitige Liebe und Einfühlung zerplatzt. Und trotzdem können sie sich nicht trennen, weil ihnen dann der andere fehlt, um ihr eigenes Selbstwertgefühl zu stärken. Häufig haben nämlich beide Partner ein narzisstisches Defizit, der eine lebt es grandios überhöht, der andere depressiv minderwertig. Sie brauchen sich gegenseitig, um sich zu bestätigen.

Das führt zur eitlen Liebe, die in erster Linie den Liebenden selbst und der Erhöhung ihres Selbstwertes dient und erst in zweiter Linie, wenn überhaupt, ihren Partnern. Diese defizitäre narzisstische Dynamik bedeutet, dass Begegnungen primär zum eigenen Nutzen gestaltet werden, manchmal sogar auf Kosten des Gegenübers. Das geschieht nicht nur in Zweierbeziehungen, sondern auch in Freundschaften, in der Familie, in der Therapie und in beruflichen Zusammenhängen. Daraus entstehen große Spannungen, Verletzungen, Manipulationen und Kränkungen bis hin zum Abbruch der Beziehung.

Nachdem ich in meinem Buch »Weiblicher Narzissmus – Der Hunger nach Anerkennung« schwerpunktmäßig die weibliche Form der narzisstischen Persönlichkeit beleuchtet habe, möchte ich mich in diesem Buch der narzisstischen Dynamik in Beziehungen widmen. Denn es kommen immer wieder Frauen und Männer in meine Praxis, die darunter leiden, dass sie sich in ihrer Partnerschaft/Freundschaft oder im Beruf nicht gesehen und wertgeschätzt fühlen. Oder sie fragen, wie sie mit ihrem narzisstischen Partner, ihrer Partnerin, ihrem Freund oder Angehörigen umgehen sollen.

Zum Verständnis der narzisstischen Dynamik in Beziehungen habe ich dieses Buch geschrieben. Ich möchte erklären, was Menschen motiviert, sich über die Maßen selbstbezogen zu verhalten und wie das Gegenüber sich gegen daraus resultierende destruktive Verhaltensweisen wappnen kann. Denn häufig suchen sich narzisstische Menschen ein Umfeld, das ihr Verhalten sogar noch unterstützt. Eine mögliche Lösung liegt darin, seinen persönlichen Wert vom narzisstischen Gegenüber loszulösen und zur eigenen Lebendigkeit und Autonomie zurückzukehren. Vor diesem Hintergrund kann sich der liebende Blick für den Partner, die Partnerin, für Freunde oder Geschwister entwickeln. Der liebende Blick bedeutet nicht nur die grundlegende Bejahung der anderen Menschen, sondern auch des eigenen Seins und der eigenen Person. Statt nach narzisstischer Manier allein im Außen Bewunderung und Anerkennung zu suchen, können sie ihre Selbstliebe, ihren positiven Narzissmus stärken.

Mein Anliegen ist es, ein Verständnis zu entwickeln sowohl für dysfunktionale Beziehungsmuster, die aus narzisstischen Motiven heraus entstehen, als auch für die seelischen Nöte der Menschen mit narzisstischen Persönlichkeitszügen.

Was die Begriffe Narzissmus und narzisstisch bedeuten, versuche ich in einem eigenen Kapitel zu erläutern, da sie auch in Fachkreisen zum Teil kontrovers diskutiert werden.

1. Eitle Liebe

Narzisstische Liebesbeziehungen sind wie ein Feuerwerk, das, wenn es abgebrannt ist, »dicke« Luft und Brandgeruch hinterlässt. Doch das nimmt jeder Betrachter gerne in Kauf, denn er bekommt dafür eine märchenhafte Darbietung, wenn auch leider nur für eine kurze Zeit. Verliebtheit, sich gegenseitig verführen, verschmelzen in der gemeinsamen Grandiosität, gleichen einem Feuerwerk. Die Gefühle sind heiß, die Begierde ist groß, das Erlöschen folgt auf dem Fuß. Das ist eitle Liebe!

»Meine Beziehungen sind wie ein Lauffeuer. Das Feuer meiner Verliebtheit brennt so stark, dass es immer wieder zum Flächenbrand kommt. Meine Sehnsucht, Leidenschaft und Erwartungen sind so heftig, dass sie den anderen in die Flucht schlagen. Und dann bleibe ich in meinem Elend allein zurück und weiß, dass ich viel zu schnell viel zu viel wollte. Doch immer wieder falle ich drauf rein.«

In narzisstischen Beziehungen dreht sich alles um den eigenen Vorteil, alles steht im Dienste des eigenen Selbst: die Wahl des Menschen, auf den ich mich einlasse, die Art, wie ich mit ihm umgehe, die Entscheidung, was ich von mir zeige und was nicht, sowie die Erwartung, was der andere für mich erfüllen soll. Es geht weniger um den anderen Menschen an sich, als mehr um die Funktion, die er für mich, und das heißt in diesem Fall, für mein Selbsterleben hat.

Narzisstische Beziehungen sind selten dauerhaft befriedigend, erfüllend, nährend oder glücklich. Oft enden sie, bevor sie wirklich begonnen haben, und hinterlassen das unangenehme Gefühl des eigenen Versagens oder der Unzulänglichkeit des Beziehungspartners. Oder sie verlieren im Lauf der Jahre ihren Glanz und das, was als Anziehung einmal da war:

die Idealvorstellung eines untrüglichen, gemeinsamen Glücks. Verbunden ist damit ein persönliches Leid, da die betroffenen Menschen unzufrieden, ängstlich oder frustriert zurückbleiben. So, als wenn sie ein Feuerwerk mit einem Kerzenleuchter verwechseln. Das Feuerwerk ist die »heiße« Anfangsphase vieler Beziehungen, doch damit kann man sich keine gemütliche Atmosphäre im Wohnzimmer schaffen. Dazu brauchen wir beständiges Kerzenlicht, das nicht so aufregend, dafür aber stetig brennt.

Kernberg schrieb über die reife Liebe: »Die anfängliche Leidenschaft mag von kurzer Dauer sein, doch die Fähigkeit beider Partner, eine tiefe Beziehung einzugehen, hilft ihnen, die heiße Flamme der Leidenschaft in ein sanftes Glimmen der Partnerschaft umzuwandeln.«[1]

Das gelingt in narzisstischen Beziehungen kaum, denn dort begegnen sich in der Regel zwei Menschen mit einem verletzten Selbst. Daraus entstehen die charakteristischen Konflikte wie Entwertung und Erhöhung des anderen und der eigenen Person, die Angst vor Nähe und zugleich vor Einsamkeit, der Wunsch zu verschmelzen und die Furcht, sich darin zu verlieren, das Gerangel um Macht, das Ungleichgewicht in der Begegnung und das Streben nach einem idealen Bild von sich und seinem Gegenüber.

Das narzisstische Thema finden wir nicht nur in Zweierbeziehungen, sondern in jedweder Form von Aufeinanderbezogensein, sei es im Beruf, zwischen Freunden, in der Familie, in der Nachbarschaft oder in der Psychotherapie. Überall, wo Menschen zusammenkommen, kann es geschehen, dass sie ihre narzisstischen Anteile ausagieren und sich dadurch in Konflikte verstricken. In Zweierbeziehungen ist die Dynamik aufgrund der Nähe jedoch besonders stark.

Ich werde in diesem Buch Beziehungen unter den charakteristischen Aspekten des narzisstischen Themas beschreiben und erklären:

- Was passiert, wenn zwei Menschen mit einem verletzten Selbst aufeinander treffen?
- Welche Gefühle und Verhaltensweisen lassen die narzisstische Beziehung gelingen oder scheitern?
- Kann man mit einem narzisstischen Menschen leben, ohne zu sehr zu leiden?
- Wie lernt man mit dem eigenen verletzten Selbst umzugehen?
- Was sollte man in der Begegnung mit einem narzisstischen Menschen bedenken?
- Wie gewinnt man die Verantwortung für sich selbst wieder?
- Welche persönliche Problematik steht hinter den Beziehungsschwierigkeiten?
- Warum wurde genau dieser Partner/diese Partnerin gewählt?

Ich lasse viele Betroffene zu Wort kommen und möchte dadurch zum Verständnis narzisstischer Beziehungen sowie der Menschen, die sie eingehen, beitragen.

2. Was sind narzisstische Beziehungen?

Narzisstische Beziehungen sind Begegnungen zwischen Menschen, die oft von großer Intensität und Anziehung, jedoch auf Dauer unbefriedigend oder sogar zerstörerisch sein können.

Sie zeigen sich beispielsweise darin, dass Liebesbeziehungen immer wieder scheitern, weil mindestens einer der Beteiligten sich nicht einlässt. Oder das Miteinander in bestehenden Beziehungen wird gestört durch Ausbeutung für die eigenen Interessen, das Übergehen der Bedürfnisse und Gefühle des anderen und einen Umgang, als sei das Gegenüber keine abgegrenzte eigenständige Persönlichkeit. Die Beteiligten fühlen sich alleingelassen, unzufrieden oder verletzt. Auch in beruflichen Kontakten schlägt die narzisstische Dynamik zu Buche, beispielsweise in der Therapie, im Coaching oder in der Supervision mit einem narzisstisch strukturierten Klienten. Ebenso gibt es viele Menschen, die unter ihrer eigenen narzisstischen Selbstwertstörung leiden und ihr Beziehungsverhalten als unangemessen erleben.

Daraus ergeben sich drei große Gruppen von Ratsuchenden:

A. Menschen, deren Liebesbeziehungen scheitern

1. Männer, die sich in eine Frau verlieben, nach kurzer Zeit aber abgewiesen werden. Doch statt Trennung gibt es immer wieder Annäherungen, die Frauen lehnen aber eine »richtige« Beziehung ab. Sie kommen nicht zusammen,

aber auch nicht auseinander. Die Männer fragen mich dann, wie sie mit einer solchen Frau umgehen sollen, weil sie sie so lieben, dass sie sich nicht trennen wollen, es aber auch schwer aushalten, so hingehalten zu werden.

2. Frauen, die darunter leiden, dass sie sich abgelehnt und unverstanden fühlen, wo sie doch alles für den Mann tun. Sie geben sich auf, verlieren dadurch jedoch den Kontakt zu sich selbst und natürlich auch zum Partner. Sie glauben, an ihnen sei etwas falsch, und sie wollen das in der Therapie ändern, um die Beziehung zu retten.

3. Frauen und Männer, die bisher negative Beziehungserfahrungen gemacht haben, weil entweder sie die Beziehung plötzlich aufkündigten oder vom anderen verlassen wurden. Sie scheitern regelmäßig mit ihrem Wunsch nach einer erfüllten Zweisamkeit und wollen erfahren, was sie falsch machen und wie sie einen Partner/eine Partnerin finden.

Alle drei Gruppen haben im Wesentlichen dasselbe Problem: Sie wählen sich immer wieder einen Partner/eine Partnerin, der/die sich nicht wirklich auf die Beziehung einlassen kann, und versuchen ihrerseits, alles zu tun, damit eine Beziehung doch noch möglich wird. Sei es, dass sich die Frau aufgibt oder der Mann mit allen Tricks versucht, dass sich die Frau auf ihn einlässt.

Wenn wir uns diese Art von Beziehungen etwas näher ansehen, finden wir in vielen Fällen einen gemeinsamen Grundkonflikt: den der narzisstischen Selbstwertproblematik, der sich einerseits in einer unsicheren Bindung und Ängsten vor Nähe, andererseits in der Sehnsucht nach Geborgenheit und Verschmelzung mit dem anderen niederschlägt. Häufig haben in einer solchen Konstellation beide Partner eine narzisstische Struktur, zumindest viele narzisstische Anteile, die zum Tragen kommen.

B. Personen, die beruflich mit narzisstischen Menschen zu tun haben

1. Für Psychotherapeuten, Supervisoren oder Coaches sind narzisstisch strukturierte Klienten häufig eine Herausforderung an den eigenen Narzissmus. Der selbstabwertende Typus überträgt den Behandlern die Macht und Verantwortung für seine Genesung oder sein Weiterkommen und imponiert eher mit einer depressiven Abwehr. Der grandiose Typus geht schnell in einen Machtkampf um die Vormachtstellung in der Beziehung, indem er den Spieß umdreht und versucht, den Behandler zu behandeln. Somit sind die Therapeuten, Supervisoren und Coaches sowohl in ihrer eigenen Grandiosität als auch in ihren Minderwertigkeitsgefühlen angesprochen.

2. Viele Menschen müssen sich im Beruf mit narzisstischen Kollegen oder Vorgesetzten auseinandersetzen, was zum Problem werden kann, weil Räume für eine konstruktive Auseinandersetzung fehlen. Narzisstische Menschen können in der Zusammenarbeit sehr schwierig, teilweise sogar teamunfähig sein, da sie jeden Erfolg auf ihrem eigenen Konto verbuchen wollen und sich schwertun, andere neben sich gelten zu lassen, ohne sie entweder zu vergöttern oder abzuwerten. Rampenlicht und Macht oder zumindest die Teilhabe daran sind für den grandiosen Typus wie die Luft zum Atmen.

C. Menschen, die unter einer narzisstischen Problematik leiden, und deren Angehörige

Viele Menschen mit einem verletzten Selbstwert, die entweder unter ihrer Selbstunsicherheit leiden oder sich überheblich verhalten, fühlen sich durch ihre Partner/Partnerinnen oder andere Menschen leicht verunsichert oder unter Druck gesetzt. Die einen reagieren darauf mit dem Muster, immer zu gefallen und alles richtig machen zu wollen, die anderen halten sich für unfehlbar und fordern, dass der andere so sein soll, wie sie es erwarten. Die Erfahrung zeigt, dass Frauen häufig zur ersten Gruppe gehören, Männer eher zur zweiten. Sie werden jedoch sehen, dass die narzisstische Struktur immer beide Seiten in sich vereint: die unterlegene und die überhebliche. Das macht's nicht unbedingt einfacher, aber spannender.

Eine Selbstwertschwächung hat allerdings nicht nur für die Betroffenen selbst negative Konsequenzen, sondern auch oder sogar in besonderem Maße für ihre Umgebung. Denn je weniger Selbstachtung Menschen besitzen, umso weniger achten sie auch die anderen. Und je weniger sie ihre eigenen Stärken und Schwächen respektieren, umso gnadenloser reagieren sie auf die der anderen. Beziehungen werden dadurch erschwert oder verunmöglicht. Zudem setzen sie ihre Angehörigen unter Druck, sich in allem nach ihnen zu richten und am besten keine eigene Meinung, vor allem keine abweichende, zu haben.

In den Beziehungen der drei Rubriken A, B und C laufen ähnliche Dynamiken ab. Je nachdem, wie viele stabile Beziehungserfahrungen ein Mensch erlebt hat, wird er sich leichter oder schwerer auf einen anderen Menschen einlassen können. Verletzt sind narzisstische Menschen in ihrem Bindungsverhalten entweder schon seit ihrer frühen Kindheit oder durch spätere Trennungen und das Verlassen-worden-Sein von den ersten Partnern/Partnerinnen oder anderen wichtigen Bezugspersonen. Im jeweils aktuellen Partner, in der derzeitigen Partnerin suchen sie die Erlösung und die Erfüllung aller bisher unbefriedigt gebliebenen Beziehungswünsche, schrecken jedoch gleichzeitig vor der Nähe zurück, weil sie Angst haben, auch diesmal wieder fallen gelassen und verletzt zu werden.

Unter diesem Hin und Her, Nah und Fern, Sich-Anziehen und Sich-Abstoßen leiden beide Seiten, bis es entweder zur Trennung kommt oder zum begegnungslosen, unerfüllten Nebeneinander.

Das hat natürlich unterschiedliche Konsequenzen, je nachdem, ob es sich um einen Liebespartner oder einen Chef handelt. Doch auch an Lehrer, Vorgesetzte oder sogar Kollegen werden Erlösungswünsche herangetragen, die aber meist aufgrund der Sachlichkeit dieser Beziehungen frustriert werden. Dadurch entstehen dieselben ambivalenten Gefühle des Hingezogenseins und Weggestoßenwerdens. Beispielsweise kann ein narzisstisch agierender Chef Ihnen auf der einen Seite das Leben mit seiner Selbstdarstellung schwer machen, weil er Sie nicht wahrnimmt und Ihnen das Gefühl vermittelt, unbedeutend und unwichtig zu sein. Auf der anderen Seite kann er Sie mit seinem Einfallsreichtum und seiner Intelligenz bereichern und dadurch eine Gemeinsamkeit in der Arbeit schaffen, die ein einmaliges Gefühl der Zugehörigkeit und Sicherheit vermittelt und selbstwertstärkend wirkt.

3. Narzissmus zwischen Normalität und Persönlichkeitsstörung

»Narzisstisch, na ja, das ist doch jeder irgendwie oder?« ist ein oft gehörter Kommentar zu diesem Thema. Man kann ihn mit Ja und Nein beantworten, je nachdem, welche Bedeutung wir den Begriffen Narzissmus und narzisstisch geben, denn die ist weder in der Alltagssprache noch in der psychologischen Theorie einheitlich.

Narzissmus ist primär keine Krankheit, sondern eine oft sogar sehr kreative Anpassung an bestimmte Lebensumstände. Die Fähigkeit, sich ins beste Licht zu setzen, Macht und Aufmerksamkeit zu erringen und bedeutungsvoll aufzutreten, ist eine hervorragende Stärkung des Selbstwertgefühls. Ist die Selbstliebe jedoch stark geschädigt oder unentwickelt, dient die perfekte äußere Fassade aus Erfolg, Leistung, Status, Attraktivität und Schlankheit als Ersatz für ein positives Selbstgefühl. In beruflichen Zusammenhängen sind narzisstische Menschen daher meist sehr erfolgreich und kompetent, ihr Problem liegt mehr im Umgang mit Menschen und in intimen Beziehungen. Denn Unsicherheiten und Selbstzweifel können zwar hinter der perfekten Fassade versteckt werden, bleiben aber dennoch erhalten und zeigen sich häufig in den Momenten, wo jemand einem anderen Menschen emotional nah kommt. In der Distanz können wir uns besser tarnen als in der wärmenden Nähe.

Narzissmus wird im Wesentlichen in drei Bedeutungen verwendet:

- gesunder oder positiver Narzissmus im Sinne von Eigenliebe und Selbstwert
- Narzissmus als Regulation des Selbstwertgefühls
- Narzissmus als Rückzug auf sich selbst, als Schutz- und Abwehrhaltung gegen das Zusammenbrechen des Selbstwertgefühls, gegen das Gefühl, wertlos zu sein.

Es gibt Autoren, die sprechen vom sogenannten »gesunden Narzissmus« als einem intakten Selbstwertgefühl. Ich möchte ihn positiven Narzissmus nennen. Ein Mensch mit einem positiven Narzissmus hat sowohl zu sich selbst als auch zu anderen Menschen eine gute Beziehung. Ein positiver Narzissmus, im Sinne von Eigenliebe und Selbstwert, berührt daher jeden Menschen.

»Ein gesundes Selbstwertgefühl kommt in erster Linie von innen. Es ist die Fähigkeit, sich als Person sogar im Bewusstsein der eigenen Unzulänglichkeit zu schätzen, nicht nur wegen etwas, was man hat oder kann.«[2]

Es ist das Vertrauen in sich selbst, in den eigenen Wert als die Person, die man ist, und in seine Fähigkeiten, die man nutzbar anzuwenden versteht. Mit einem positiven Selbstwertgefühl fällt es uns leichter, unsere Grenzen ebenso zu respektieren, wie unsere Stärken zu schätzen. Deshalb brauchen wir uns und den anderen nichts oder nicht so viel vorzumachen. Ein positiver Narzissmus bietet zudem eine gute Basis für stabile, befriedigende Beziehungen.

Zur Entfaltung und zum Erhalt eines positiven Narzissmus brauchen wir die anderen Menschen. Nicht nur der Säugling, sondern auch der Erwachsene ist auf die Anerkennung durch andere angewiesen. Nur dadurch entwickeln wir eine echte Identität und ein stabiles Selbstwertgefühl. Insofern ist jeder Mensch narzisstisch, da er sich nicht der Abhängigkeit von anderen oder dem Wunsch nach Anerkennung entziehen kann. Auch deshalb nicht, weil eines der Grundbedürfnisse des Menschen die Selbstwerterhöhung ist. Das führt dazu, dass

wir Situationen und Menschen suchen, die diesen Wunsch erfüllen. Gelingt uns das, resultiert daraus ein idealer Zustand
von Wohlbefinden, Sicherheit und Geborgenheit.[3]

Wir fühlen uns gut und in diesem Sinne positiv narzis-
tisch. Wohlbefinden stellt sich ein, wenn die positiven Aspekte
des Selbstwertgefühls die negativen Aspekte überwiegen. Fühlen wir uns schlecht, minderwertig oder sind wir gekränkt,
dann versuchen wir, ein Gleichgewicht unserer Selbstempfin-
dung wiederherzustellen.

Diese Regulation des Selbstwertgefühls ist die zweite Bedeutung von Narzissmus.

»Eine der wichtigsten Funktionen des Selbstsystems ist
die Aufrechterhaltung der narzisstischen Homöostase, also die
Aufrechterhaltung eines optimalen Niveaus des Selbstwertgefühls.«[4]

Die Regulation des Selbstwertgefühls ist in hohem Maße
abhängig von positiven Erfahrungen oder Begegnungen, die
uns wohltun, aufwerten und aufrichten. Erfolg, Lob, Bestätigung oder Liebesbekundungen bedeuten eine sogenannte
»narzisstische Zufuhr«, die unser Selbstempfinden ins Gleichgewicht bringt.

Zur Selbstregulation gehört aber auch die Fähigkeit, auf
positive Seiten von sich zurückgreifen zu können, um ein be-
jahendes Gefühl für sich selbst zu mobilisieren. Je besser ein
Mensch sich selbst unterstützen kann, sich Mut machen, beruhigen und trösten kann, umso besser kann er sein narzis-
tisches Gleichgewicht wiederherstellen. Er wird sich auf diese
Weise in einer Versagenssituation selber über die narzisstische
Durststrecke hinweghelfen können.

Insofern ist jeder Mensch narzisstisch, da er immer wieder auf ein Gleichgewicht seines Selbstsystems achten muss,
weil das Leben nicht nur narzisstische Zufuhr, sondern auch
Frustrationen bereithält.

Ist die regulative Fähigkeit eingeschränkt, liegt eine narzisstische Beeinträchtigung des Selbstsystems vor. Das bedeu-

tet, dass sich diese Menschen hauptsächlich, vielleicht sogar gänzlich, darüber stabilisieren, dass sie mit einem anderen verschmelzen, sich in Größenphantasien retten, sich mit anderen kompetenten Personen identifizieren und dadurch ihren angeschlagenen Selbstwert erhöhen. Sie können nicht auf ein gesundes Ideal-Selbst zurückgreifen, das zu einer optimalen Regulation nötig ist. »Ich bin gut und liebenswert, so wie ich bin« könnte der dazugehörige Einstellungssatz heißen, der eben nicht nur dann Geltung hat, wenn wir uns gut, sondern auch, wenn wir uns unzulänglich fühlen. Dadurch werden wir unabhängiger von Lob und Kritik und schaffen uns innere Sicherheit, Selbstbewusstsein und Selbstvertrauen sowie eine eigene Identität.

Die Art, wie Menschen auf die Zurückweisung ihrer Liebe reagieren, kann zeigen, wie stark oder wie fragil ihr Selbstwertgefühl ist. Es liegt zwischen zwei extremen Polen:

Menschen mit einem positiven Narzissmus, einem stabilen Selbstwertgefühl, trauern um den Verlust eines von ihnen geliebten Menschen, sind ihm gram, verabschieden sich dann aber nach einiger Zeit, um frei zu sein für eine neue Liebe. Sie fühlen sich vorübergehend ungeliebt, aber nicht völlig wertlos und besitzen die Fähigkeit, Zuneigung von anderen anzunehmen und ihr Leben nicht auf Dauer zu beschweren.

Der andere Pol ist die narzisstische Verarbeitungsweise: Die Menschen hadern mit sich, dem Schicksal und vor allem mit dem Menschen, der sie zurückweist. Im schlimmsten Fall stürzen sie in ein schwarzes Loch, verlieren den Boden unter den Füßen, fühlen sich als Mensch zurückgewiesen, unwichtig, nicht liebenswert, und ihr Hass ist teilweise grenzenlos. Vernünftige Auseinandersetzungen sind kaum mehr möglich, sondern fast nur noch lautstarke Szenen, in denen sie den anderen beschimpfen und runtermachen oder ihm sogar aus Rache etwas antun wollen. Sie verbeißen sich in ihren Schmerz und Groll, verteufeln alle Männer (oder Frauen) und hängen noch lange der missglückten Beziehung nach. Es ist sehr schwer für sie, ihren persönlichen Wert wiederzufinden und sich zu sagen: »Auch wenn ich von diesem Mann, dieser Frau nicht geliebt werde, bin ich ein wertvoller und liebenswerter Mensch.« Stattdessen schlagen sie selbst noch auf sich ein und erleben die Zurückweisung als Bestätigung für ihre Unattraktivität. Oder sie flüchten in die nächste Beziehung, um ihrem Schmerz zu entgehen und sich als Person zu bestätigen.

Da unsere Selbstwertregulation unter anderem auf positive Reaktionen von außen angewiesen ist, brauchen wir andere Menschen. Der Unterschied zwischen einem positiven und einem dysfunktionalen narzisstischen Verarbeitungsmuster, wie ich es nennen möchte, besteht darin, dass anerkennende Reaktionen im ersten Fall das Selbstwertgefühl bestätigen, im zweiten Fall dazu dienen, sich überhaupt wert zu fühlen. Narzisstische Menschen fühlen sich in ihrer Selbsteinschätzung fast völlig abhängig vom Gegenüber, da ihnen ein eigenes inneres Maß für ihren Wert fehlt. Deshalb umgeben sie sich gerne mit Leuten, die ihnen zustimmen, und meiden Andersdenkende, weil diese sie in ihrer Selbsteinschätzung verunsichern können. Da das Selbstwertgefühl keine konstante Größe ist, sondern ihre Stabilität abhängt von Faktoren wie unserer Tagesform, der Situation und dem Gegenüber, kann auch unsere Selbstregulation von positiv narzisstisch zu dysfunktional schwanken. Das heißt, bei dem einen Menschen fühlen wir uns selbstbewusst und eigenständig, bei dem anderen unterlegen.

Der Punkt, an dem der positive Narzissmus in den dysfunktionalen umschlägt, ist nicht immer einfach zu bestimmen, denn was in einem Fall angemessen erscheint, kann im anderen Fall ein Problem sein. So kann das ausgeprägte Achten auf gesunde Ernährung, ausreichenden Sport und Bewegung für die eine Person Ausdruck ihrer Selbstfürsorge sein und ihr ein gutes Körper- und Selbstgefühl verleihen. »Ich fühle mich wohl, wenn ich Sport treibe und ausgewogen esse, denn damit bleibe ich gesund und reguliere mein Gewicht.«

Für eine andere wird es zur Kompensation eines negativen Selbst- und Körpergefühls. Nach dem Motto: »Nur wenn ich schlank, durchtrainiert und fit bin, bin ich wertvoll und beachtenswert. Dicker und weniger leistungsstark bin ich ein Nichts.« In diesem Fall entscheiden die körperliche Fitness und das Gewicht über den persönlichen Wert und erhalten eine narzisstische Bedeutung.

Bei wem Sport und gesunde Ernährung ein narzisstischer Ersatz für ein fehlendes Selbstwertgefühl darstellt, können wir von außen oft nicht entscheiden, außer in den extremen Ausformungen wie der Sportsucht oder den Ess-Störungen.

Zwischen beiden Polen liegen viele Graustufen. Sehe ich gut aus und fühle ich mich fit und schlank, dann berührt das mein Selbstwertgefühl positiv. Dysfunktional narzisstisch ist es dann, wenn ich in meiner positiven Selbsteinschätzung darauf angewiesen bin und mich ablehne und entwerte, wenn ich nicht fit und schlank bin.

Hier nun begegnen wir der dritten Bedeutung von Narzissmus als einer Schutz- oder Abwehrform, die das Zusammenbrechen des Selbstwertgefühls verhindern soll. Die ständige Erhöhung der Gewichte am Trainingsgerät, die akribisch registrierten verlorenen Pfunde, die Zentimeter gewonnener Muskelmasse dienen dann in erster Linie der Stabilisierung des Selbst und der Erhöhung des Selbstwertgefühls. Der Mensch ist nur auf sich selbst fixiert und versucht, durch Größenphantasien, Perfektionismus, Besonderssein, die Erfüllung idealer Vorstellungen und das Verleugnen oder Umdefinieren enttäuschender Erfahrungen, sein Selbst in einem besseren Licht erscheinen zu lassen und es vor dem Zusammenbruch zu bewahren. Auch die Selbstverliebtheit, die bei grandiosen Narzissten so aussieht wie ein bombenfestes Selbstwertgefühl oder eine übertriebene Eigenliebe, ist ein Ersatz für die fehlende innere Stabilität und hat mit Eigenliebe und Selbstwert wenig zu tun. Denn diese speisen sich primär aus Äußerlichkeiten, wogegen die Selbstliebe mehr auf Werte und den Kontakt zu sich selbst begründet ist.

Alle Menschen haben eine solche narzisstische Abwehr, die in Beziehungen zum Tragen kommt, sie unterscheidet sich jedoch durch ihre Stärke und Häufigkeit.

Ebenso ist ein gewisses Maß an Selbstliebe unentbehrlich. Übersteigt es aber eine Grenze und wird zur egozentrischen Überheblichkeit, dann handelt es sich mit großer Wahrscheinlichkeit um einen Selbstwertmangel, der mit der Selbstüberhöhung ausgeglichen werden soll. Ein solcher Mensch besitzt vermutlich keinen oder nur wenig positiven Narzissmus und ist im Grunde nie zufrieden mit sich, weil er sich entweder als nicht gut genug zurücknimmt oder sich unter Druck setzt, noch besser werden zu müssen. Sicherheit, Geborgenheit und Wohlbefinden können sich vorübergehend einstellen, sind aber keine stabile Größe, weil immer die Angst lauert, dem eigenen oder fremden Anspruch doch nicht zu genügen. Diese Menschen werden im klinischen Zusammenhang als »narzisstisch« bezeichnet oder man schreibt ihnen eine »narzisstische Persönlichkeitsstörung« zu. Mit dieser Diagnose sollte man jedoch vorsichtig umgehen, da sie nicht nur umstritten, sondern auch kulturspezifisch ist. Das drückt sich darin aus, dass sie in der internationalen Klassifikation psychischer Störungen (ICD) nicht enthalten ist. Deshalb scheint es sinnvoller, von einem narzisstischen Persönlichkeitsstil bzw. von narzisstischen Persönlichkeitszügen zu sprechen. In diesem Sinne verwende ich die Begriffe narzisstisch und Narzisst in diesem Buch.

Narzissten sind in diesem Verständnis Menschen, die Probleme haben, ihr Selbstwertgefühl zu regulieren und sich stattdessen in überhöhte Größenphantasien oder in die Verschmelzung mit einem idealisierten Anderen retten, die auf nur wenig positiven Narzissmus im Sinne von Eigenliebe und Selbstwert zurückgreifen können und die in übersteigertem Maße auf äußere Bestätigung angewiesen sind, um sich wert zu fühlen.

Es werden zwei narzisstische Typen oder Reaktionsmuster unterschieden: der offene (oder grandiose, unbeirrte und dickhäutige) und der verdeckte (oder minderwertig-depressive, hypervigilante und dünnhäutige) Narzisst. Der offene Narzisst ist charakterisiert durch Dominanzstreben, Misstrauen, Arroganz und Aggressivität, Egozentrismus, Überheblichkeit und geringe Wahrnehmung der Reaktionen anderer. Er macht sich zum »Sender«, von dem alle Information ausgeht, hört aber schlecht zu und nimmt kaum auf, was andere sagen. Den verdeckten Narzissten zeichnet dagegen eine hohe »Empfängerqualität« aus. Das bedeutet, dass er sorgfältig zuhört, um Anzeichen von Kritik und Ablehnung zu registrieren. Er ist höchst sensibel gegenüber den Reaktionen anderer und vermeidet, im Zentrum zu stehen. Ihn prägen Empfindlichkeit, Gehemmtheit, Depressivität, Scham und Gefühle von Demütigung.

Diese beiden Formen der narzisstischen Ausprägung entsprechen im Wesentlichen dem männlichen und weiblichen Narzissmus, wie ich ihn in meinem Buch *Weiblicher Narzissmus* beschrieben habe. Männlich und weiblich heißt nicht unbedingt, dass nur die Frauen dem verdeckten und die Männer dem offenen Narzissmus zuzuordnen sind. Nein, beide können jede Form einnehmen. Aber die Mehrzahl der Frauen zeigt eine weibliche, die Mehrzahl der Männer eine männliche Form des Narzissmus.

Fragen zur Selbstreflexion

Hier einige Fragen zur Selbstreflexion. Es handelt sich nicht um einen Narzissmus-Test, sondern um das Erfragen von Tendenzen, wie Sie sich in Beziehungen fühlen und verhalten. Die Fragen sollen Ihnen keine Diagnose vermitteln, sondern Ihnen mehr Bewusstheit für Ihre Reaktionsweisen und Empfindungen geben.

1. Sie haben ein Gefühl von Sicherheit und Wohlbefinden

	stimmt	teils/teils	stimmt nicht
• wenn Sie allein sind	✓		
• mit einem Liebespartner/einer Liebespartnerin zusammen sind		✓	
• je gefühlvoller und intimer eine Begegnung wird	✓		
• wenn Sie jemanden kennen lernen, der Ihnen als Partner /Partnerin gefällt	✓		
• wenn Sie mit Freunden zusammen sind	✓		
• wenn Sie neue Menschen kennenlernen		✓	
• wenn Sie mit Fremden privat zusammen sind		✓	
• wenn Sie mit Fremden in der Arbeit zusammen sind		✓	

2. Ihr Verhalten und Ihre Einstellung in Beziehungen

	stimmt	teils/teils	stimmt nicht
• Sie gehen offen auf Menschen zu und geben Ihnen einen Vertrauensvorschuss	✓		
• Sie halten sich eher schüchtern zurück			✓
• Sie drehen auf und ziehen viel Aufmerksamkeit auf sich	✓		
• Sie werden von vielen geschätzt und gemocht, auch ohne sich groß darum zu bemühen	✓		
• Sie misstrauen Liebesschwüren, weil Sie zu viele negative Erfahrungen gemacht haben			✓
• Sie gehen schnell auf ein Beziehungsangebot ein, weil Sie so sehnsüchtig und verführbar sind			✓

	stimmt	teils/teils	stimmt nicht
• Sie stehen unter dem Druck, immer gut ankommen zu müssen, und würden am liebsten von allen geliebt werden		✓	
• Sie haben Mühe, sich auf einen anderen Menschen einzustellen, Empathie (Einfühlung) und Neugier für seine Person und Belange zu entwickeln		✓	
• Sie befürchten schnell, in einer Beziehung zu kurz zu kommen			✓
• Sie kommen mit anderen gut aus und genießen das Zusammensein	✓		

3. Ihre Reaktion auf Versagen, Kritik und fehlende Bestätigung

	stimmt	teils/teils	stimmt nicht
• Sie sind schnell kränkbar und ziehen sich depressiv zurück			✓
• Sie werden wütend und fordern Bestätigung ein		✓	
• Sie können sich auch selbst Aufmerksamkeit und Bestätigung geben	✓		
• Sie fühlen sich wertlos, wenn Sie keine Bestätigung bekommen		✓	
• Sie brauchen viel Aufmerksamkeit, um zu glauben, dass der andere an Ihnen Interesse hat			✓
• Rückzug von anderen interpretieren Sie schnell als persönliche Ablehnung		✓	
• Menschen, die Sie nicht bestätigen oder bewundern, interessieren Sie nicht		✓	
• Sie können sich selbst und anderen eigenen Raum und Eigenständigkeit lassen	✓		

• Eine andere Meinung ist für Sie wie eine Ablehnung			✦
• Am liebsten sind Ihnen Menschen, die Ihnen zustimmen und Sie bewundern	✦		
• Sie neigen in Kränkungssituationen zu verbaler oder körperlicher Gewalt		✦	
• Sie werden schnell ungeduldig		✦	

4. Ihre Fähigkeiten, Ihr Selbstwertgefühl zu regulieren

	stimmt	teils/teils	stimmt nicht
• Wenn Ihr Selbstwertgefühl ins Negative gekippt ist, dauert es Tage, bis Sie sich wieder gut fühlen		✦	
• Alleine gelingt es Ihnen fast gar nicht			✦
• Sie versinken in eine Depression		✦	
• Ohne Bestätigung stellen Sie sich komplett infrage			✦
• Wenn es Ihnen schlecht geht, reißen Sie sich zusammen und zeigen nicht, wie schlecht es Ihnen geht		✦	
• Angst und Verletztheit verdrängen Sie		✦	
• Emotionale Öffnung ist wie Ausgeliefertsein			✦
• Sie können sich selbst gut beruhigen, zureden und trösten	✦		
• Sie können sich selbst nicht in den Arm nehmen und sich bestätigen			✦

Da es sich hier nicht um einen offiziellen Test handelt, gibt es auch keine allgemeingültige Auswertung. Sie können jedoch Tendenzen Ihres Verhaltens und Erlebens erfassen. Sollten diese Tendenzen nicht Ihren Vorstellungen entsprechen und womöglich auf Schwierigkeiten hinweisen, haben Sie einen Anhaltspunkt für Veränderungsmöglichkeiten.

Zu Punkt 1: Haben Sie hauptsächlich »stimmt nicht«-Antworten, dann tendieren Sie zu einem geringen Gefühl von Sicherheit und Wohlbefinden in Beziehungen.

Zu Punkt 2: Haben Sie hauptsächlich »stimmt«-Antworten, dann tendieren Sie zu einer eher negativen Einstellung in Beziehungen. Außer Sie haben der ersten und letzten Frage zugestimmt.

Zu Punkt 3: Die Tendenz zu einer hohen Kränkbarkeit und dem Gefühl der Ablehnung zeigt sich an vielen »stimmt«-Antworten.

Zu Punkt 4: Viele »stimmt«-Antworten zeigen die Tendenz, dass Sie Ihr Selbstwertgefühl nicht so gut regulieren können.

4. Narzisst und Komplementärnarzisst

Narzisst und Komplementärnarzisst gehören zusammen wie Sonne und Schatten. Sie finden sich als Beziehungspartner, ohne zu ahnen, wie ähnlich sie sich sind, denn nach außen hin wirken sie völlig unterschiedlich.

»Der Komplementärnarzisst ist im Grunde auch narzisstisch strukturiert, aber mit umgekehrtem Vorzeichen.«[5] Da, wo der Narzisst in seinem Größenselbst verhaftet ist, besetzt der Komplementärnarzisst die Seite der Minderwertigkeit. Der Narzisst lebt den offenen Narzissmus mit Dominanzstreben, Egoismus und Misstrauen. Den Komplementärnarzissten zeichnet dementsprechend ein verdeckter Narzissmus aus mit Gehemmtheit, übermäßiger Empfindlichkeit und hoher Selbstentwertung.

Der offene Narzisst ist in seinem Beziehungsverhalten viel defensiver und emotional distanzierter und zeigt ein vermeidendes Bindungsmuster. Deshalb wird er auch als der egozentrische in der Beziehung gesehen, wogegen der Komplementärnarzisst altruistisch und aufopfernd erscheint. Er ist zwar der Anlehnungsbedürftige, meidet jedoch häufig eine zu enge Bindung aus Angst vor Zurückweisung.

Der Grund für diese »Rollenaufteilung« liegt in der innerpsychischen Struktur der narzisstischen Menschen, deren Erleben aufgespalten ist: zum einen in die Größe und Überlegenheit und zum anderen in Gefühle von Nichtigkeit, Kleinheit und Wertlosigkeit bis hin zur Nichtexistenz. Ich habe an anderer Stelle[6] dieses Thema mithilfe des narzisstischen Spaltungsmodells ausführlich beschrieben. Beide Seiten, die Grandiosität und die Minderwertigkeitsgefühle, bilden zusammen das sogenannte falsche Selbst und sind Ausdruck des fragilen Selbsterlebens. Sie entsprechen aber nicht dem Wesen der Person, denn diese ist nicht so unbedeutend, wie sie in ihrem Minderwertigkeitsgefühl befürchtet, aber auch nicht so grandios, wie sie gerne sein möchte. Zu ihrem wahren Selbst hat sie kaum Zugang, weil dieser Teil im Lauf der Zeit immer mehr abgespalten wurde. Im Erleben des wahren Selbst liegt jedoch der Zugang zu unserer Identität, unserer Selbstachtung, unserem Selbstvertrauen sowie zu unseren echten Gefühlen und Bedürfnissen. Ist dieser verbaut, entsteht die typische Selbstentfremdung, die durch grandiose Kompensationsversuche wie Leistung, Schönheit, Statussymbole, Perfektion und dergleichen ausgeglichen werden soll.

In Beziehungen suchen sich Menschen gewöhnlich ihren Gegenpart. Bei narzisstischen Partnern sucht der offene den verdeckten, der grandiose den inferioren oder der männliche den weiblichen. Der Wunsch, der dahinter steht, ist, mithilfe des anderen die eigene Entwicklung in Gang zu bringen und Defizite, Verletzungen und Zurückweisungen aus der Vergangenheit zu heilen.

Zur Störung wird das komplementäre Verhalten, »wenn es nicht mehr frei gewählt werden kann, sondern zum Zwang wird«[7] und die Entwicklung beider verhindert. Das geschieht, wenn die unbewusste Verstrickung der Partner nicht erkannt wird und das komplementäre Muster sich verfestigt.

Auf diese Weise lagern beide Partner einen Teil von sich aus und lassen ihn gewissermaßen durch den anderen leben. So muss der grandiose Narzisst nicht seine Minderwertigkeitsgefühle spüren, wenn er eine Frau nimmt, die diesen Pol besetzt. Er kann dann der starke Mann sein und seine Frau lebt die Schwäche. Der Vorteil für die Frau liegt auf der Hand. Sie kann ihm die Verantwortung zuschieben, muss keine Entscheidungen treffen und sich nicht anstrengen. Sehr häufig finden wir diese Konstellation bei Frauen mit Ess-Störungen.

Dieses Konzept kann auf Dauer nicht funktionieren. Denn welche Qual für den Mann, wenn er sich nie erlauben darf, schwach zu sein, und welcher Verlust für die Frau, wenn sie ihre Stärken nicht spüren und leben kann.

Dennoch hat auch sie einen Gewinn, denn sie kann ihre schambesetzten Grandiositätsansprüche auf den Mann projizieren und sich auf diese Weise vor Egoismus und Selbstdarstellung schützen. Deshalb wirken häufig die Partnerinnen von grandiosen Narzissten bescheiden und teilweise unterwürfig. Doch der Schein trügt, denn ihre Grandiosität zeigt sich nur anders. Indem sie ihren Mann auf der Karriereleiter hinaufpuschen, wachsen auch sie an Bedeutung und Wichtigkeit. Ihre Selbstaufgabe ist bei genauerem Hinsehen nicht so altruistisch, wie sie nach außen wirkt. Denn damit üben sie eine hohe Kontrolle über den anderen aus, da keine Andersartigkeit geduldet wird. So eine Beziehung kann erstickend eng werden und zu Befreiungsschlägen führen, indem der Mann seine Freiheit außerhalb sucht, beispielsweise bei einer Geliebten, in zeitintensiven Sportarten oder Hobbys, die ihn völlig absorbieren.

Darunter litt auch Sonja, deren erste Ehejahre märchenhaft waren. Beide waren verliebt, unzertrennlich, und man sah sie nur »im Doppelpack«. Keiner ohne den anderen, außer wenn Benedikt arbeiten musste. Sonjas Sehnsucht nach völliger Übereinstimmung erfüllte er perfekt, denn sie hatten dieselben Vorlieben und Hobbys und verbrachten ihre Freizeit immer zusammen. Für sie bedeutete Liebe, ihn ganz und gar nur für sich zu haben. Schwierig wurde es nach der Hochzeit, als das erste Kind kam. Nun konnte sie nicht mehr so mitmachen wie früher, er aber gab seine Unternehmungen und Hobbys nicht auf. Sie fühlte sich zurückgesetzt, einsam und ungeliebt. An diesem Punkt der Beziehung besaßen weder Sonja noch Benedikt die Flexibilität zur Umstellung. Aufgrund ihrer beider narzisstischen Struktur hielten sie an ihren idealen Vorstellungen fest, ohne sie an die aktuelle neue Situation anzupassen.

Sie forderte die Beibehaltung der Einheit mit ihm, er jedoch zog seine Eigenständigkeit vor. Er ging lieber Skifahren oder Fußballspielen, statt sich um seine Familie zu kümmern und mit ihr Zeit zu verbringen. Sonja erlebte sein Verhalten als Liebesentzug und wurde immer vorwurfsvoller und unzufriedener, auch weil er seine Vaterrolle nicht ausfüllte.

Das Problem zwischen beiden war weniger die abnehmende Liebe als die mangelnde Fähigkeit, sich auf ein gemeinsames Leben einzulassen. Sobald der Spaß der Anfangsjahre aufgehört hatte und der Alltag Verantwortlichkeit und gegenseitiges Verständnis verlangte, waren sie überfordert. Die Quelle ihrer Beziehung war mit Eintritt in die Ehe und Elternschaft versiegt, weil sie beide einer idealisierten Form von Liebe und Zusammengehörigkeit aufsaßen. Die passte nicht zu einer Kleinfamilie mit Kind, war aber immer noch das Ziel, das beide vor Augen hatten. Er suchte sein Seelenheil im Außen, wo er wieder Spaß und Leichtigkeit spürte und von den erdrückenden Lasten befreit war. Sie versuchte durch Perfektionismus und Anpassung seine Liebe wiederzugewinnen. Ihre größte Angst war, ihm nicht mehr zu gefallen und von ihm verlassen zu werden. Also nahm sie einige Kilos ab, machte sich schön, bevor er nach Hause kam, und zeigte ihm ihre prächtige Fassade. Doch auch damit konnte sie ihn nicht erreichen und nach einiger Zeit gingen beide fremd, um ihr Bedürfnis nach der idealen Liebe, nach Freiheit und Leichtigkeit wieder zu erfüllen.

Ihnen war nicht bewusst, dass sie beide Bindungsprobleme hatten, da sie nie gelernt hatten, was es bedeutet, sich wirklich auf einen anderen Menschen einzulassen. Sie manipulierten an Äußerlichkeiten herum, um eine Beziehung zu retten, die jetzt erst hätte anfangen können.

5. Narziss und Athene – die Protagonisten

»Wenn Narziss auf Athene trifft ... «[8] könnte die Überschrift für narzisstische Beziehungen heißen. Denn Narziss und Athene sind die Protagonisten, da sie in exemplarischer Weise den Typus narzisstischer Personen darstellen mit all ihren Verletzlichkeiten und Beziehungsproblemen. Am Anfang wären Narziss und Athene womöglich leidenschaftlich aufeinander bezogen und heiß verliebt gewesen, aber die Begegnung hätte keinen guten Ausgang genommen.

Die Sage von Narziss macht deutlich, dass Narzissmus kein modernes Thema, sondern ein Menschheitsthema ist. In allen Jahrtausenden wurden und werden Menschen mit Selbstwertverletzungen und deren Folgen konfrontiert. Die Geschichte von Narziss beschreibt das grundlegende Schicksal narzisstischer Menschen, denen er nicht ohne Grund den Namen ihrer Persönlichkeitsstruktur – dem Narzissmus – gab.

Dem Mythos nach ist Narziss ein wunderschöner Jüngling, der vom Flussgott Kephissos und der Nymphe Leiriope durch Vergewaltigung gezeugt wurde. Der Seher Teiresias, den Leiriope um Rat fragte, prophezeite Narziss ein langes Leben, aber nur, wenn er sich niemals wirklich kennt.

Seine Schönheit zog Männer und Frauen an, deren Liebe er aber zurückwies. Er war »von trotzigem Stolz auf seine eigene Schönheit erfüllt«[9] und unfähig, Liebe zu geben und zu empfangen. Narziss öffnete niemandem sein Herz, auch denen nicht, die ihn liebten. Aber er wehrte nicht nur ihre Liebe ab, er brachte seine Verehrer und Verehrerinnen auch um ihr Leben. So siechte die Nymphe Echo vor Liebeskummer dahin und zerbrach an der Zurückweisung durch Narziss. Ameinios, seinem aufdringlichen Bewerber, schickte Narziss ein Schwert, mit dem sich dieser erstach.

Die Göttin Artemis rächte diesen Freitod und strafte Narziss mit »unerfüllbarer Selbstliebe«. Bis zum Schluss drehte sich alles ausschließlich um ihn, die anderen waren nur Staffage. Als er eines Tages nach der Jagd an einer Quelle saß, sah er darin ein schönes Antlitz und verliebte sich in diesen bezaubernden Jüngling. Er versuchte, ihn zu umarmen und zu küssen, bis er erkannte, dass er es selber war. »Wehe! Nun ahne ich's, du bist nur ich selbst; nun seh ich's, mich täuscht das eigne Bild, ich liebe nur mich selber.«[10] »Von Stund an schaute er verzückt aufs Wasser.« Gebannt von seiner eigenen Schönheit konnte er sich nicht von seinem Bilde trennen, und es erfüllte ihn die Sehnsucht nach der Verschmelzung mit seinem Ebenbild, bis er aus Erschöpfung und Trauer starb. Sein Bildnis war das einzige, was ihm bis zu seinem Tode blieb. An der Stelle, an der sein Leichnam lag, wuchs eine weiße Narzisse mit ihren rotgelben Herzblättern. Aus ihr wird heute noch ein Wundheilmittel destilliert.

Narziss hat einen unerreichbaren Vater, der als Flussgott dem wässrigen, immer im Fließen begriffenen Element entstammt. Er ist dadurch ungreifbar, bezieht nicht Stellung und ist gewalttätig. Seine Mutter, die junge, leichtfüßige Nymphe, bietet nur wenig umsorgende Mütterlichkeit und idealisiert den Sohn entweder oder macht ihn zum Partnerersatz. Er ist ihrer Launenhaftigkeit und Unbeständigkeit ausgeliefert. Eine mangelhafte Bindung ist die Grundlage seiner Beziehungsstörung und seines Identitätsverlustes. Seine Beziehungen beruhen hauptsächlich auf Bewunderung und Äußerlichkeiten. Ihnen fehlt die Tiefe, die Narziss durch die Ablehnung jeglicher Liebe und Nähe selbst verhindert. Er zieht sich stattdessen – in narzisstischer Manier – auf sich selber zurück.

Menschen mit narzisstischen Persönlichkeitszügen wissen nicht, wer sie wirklich sind, und bleiben sich immer fremd. Sie kennen nur das Bild von sich, mit dem sie sich identifiziert haben: dieses schöne, selbstverliebte Bild, das nach Perfektion, ewiger Schönheit und größter Attraktivität strebt. Sie sind für alles andere blind und nur auf dieses Bild fixiert. Darüber zerstören sie ihre Beziehungen, können sich aber auch selbst nicht lieben, sondern sich nur selbstverliebt verzehren. Sie lassen eine »blutige Spur« vergangener Beziehungen hinter sich, wobei ihnen die Tragik der ständigen Trennungen und Zurückweisungen von Liebe und Zuneigung oft nicht bewusst ist. Das Streben nach dem schönen Bild und dem idealen Partner steht im Vordergrund, wird zum Inhalt ihres Lebens und zur einzigen Quelle von Selbstwert. Am Ende bleiben sie allein und nicht selten zerbrechen sie an dem Schmerz ihrer Beziehungslosigkeit. Oder sie nehmen Zuflucht in Drogen oder andere Süchte wie Alkoholabhängigkeit, Essstörungen oder »einsame« Internet- und Spielsucht.

Athene, das weibliche Gegenstück zu Narziss, ist die stolze und schöne Lieblingstochter des Zeus, die sich als Göttin der Weisheit und klugen Kriegsführung durch hohe Leistungen auszeichnet, jedoch emotional Hunger leidet. Sie hat der Sage nach keine Mutter, da sie als männliche Kopfgeburt auf die Welt kam, dem Haupte des Zeus entsprungen. Sie hat keine weiblichen Wegbegleiterinnen, da ihre Mutter von Zeus verschlungen wurde und sie selbst die gleichaltrige Pallas versehentlich bei einem Kampfspiel tötete. Seitdem ist sie in ewiger Treue an den Vater gebunden und männlich identifiziert. Ihre Intellektualität und Leistungsbereitschaft können nicht über die unstillbare Sehnsucht nach Nähe und Anerkennung hinwegtäuschen, die hinter der perfekten Fassade lauert. Sie wird als stolz, frei und einsam beschrieben. Würde sie dazu ein schickes Outfit tragen, beruflich erfolgreich sein und selbstbewusst auftreten, dann wäre sie eine Frau, wie wir sie heute oft unter Karrierefrauen oder Singles treffen.

Was Narziss, Athene und Menschen unserer modernen Zeit mit narzisstischen Persönlichkeitszügen auszeichnet, sind folgende Charakteristika:

- Sie wissen nicht, wer sie wirklich sind, und bleiben sich im Grunde immer fremd.
- Sie sind mehr mit einem Bild von sich identifiziert als mit sich selbst.
- Sie suchen auch im anderen das ideale Bild, weniger den realen Menschen.
- Das Gegenüber dient als Spiegel für sie selbst und soll nur das Schöne und Perfekte reflektieren.
- Ihre Selbstliebe ist nur ein vorübergehendes Verliebtsein in das perfekte Bild, keine tragende Selbstannahme und -akzeptanz.
- Auch ihre Fähigkeit, andere zu lieben und von ihnen Liebe anzunehmen, ist beeinträchtigt, obwohl sie sich sehr nach Liebe sehnen.
- Sie zeigen eine perfekte Maske aus Schönheit, Leistung, Attraktivität, Schlanksein und Perfektionismus und verbergen dahinter ihre Unsicherheit, ihre Minderwertigkeitsgefühle und die Sehnsucht nach Nähe.
- Sie meinen immer, etwas Besonderes sein zu müssen, um Anerkennung und Bewunderung zu erhalten. Wie sie wirklich sind und sich fühlen, zeigen sie nicht und wissen es auch meist nicht.
- Sie suchen in der Partnerin/dem Partner die Erfüllung der tiefen Sehnsucht nach angenommen sein, geliebt werden, so sein dürfen, wie sie sind, also im Grunde die liebevolle, gewährende Mutter, den gütigen, unterstützenden Vater.
- Was geliebt werden will, ist nicht nur die erwachsene Frau, der erwachsene Mann, sondern vor allem der kindliche Teil ihres Selbst, der unerfüllt, ungeliebt, ängstlich und schutzlos geblieben ist.

Wenn sich Narziss und Athene treffen, gehen sie eine narzisstische Verbindung ein: Er erhöht seinen Selbstwert durch die Bewunderung der tollen Frau, sie fühlt sich aufgewertet durch seine Schönheit. Indem sie sich mit seinem idealisierten Selbst identifiziert, wird er zum idealisierten Ersatz-Selbst und umgekehrt. Jeder entlehnt beim anderen sozusagen ein Ideal, das er selbst nicht besitzt.

Ein weiteres Charakteristikum narzisstischer Verbindungen ist die Suche nach dem fehlenden Elternteil im Partner/der Partnerin. Narziss leidet unter einem Vaterverlust, da sein Vater unerreichbar war. Er ist nur mit der Mutter und also weiblich identifiziert. Athene ihrerseits leidet unter einem Mutterverlust und ist männlich identifiziert. Somit reagiert Narziss auf die tatkräftige, attraktive Frau und sucht in ihr den fehlenden Vater. Athene dagegen glaubt in dem schönen, umschwärmten, allseits beliebten und weiblich identifizierten Mann die bedingungslos liebende Mutter zu finden. Beide erhoffen sich das Fehlende im anderen, doch die Enttäuschung ist groß, weil sie es sich nicht geben können.

Die Beziehung zwischen ihnen geht also nur so lange gut, wie der andere dem idealen Bild entspricht. In dem Moment, in dem sie sich aufeinander einlassen, erkennen sie das Defizit des anderen und die Beziehung bricht. Da beide tief verletzt sind, erhoffen sie durch den anderen die Rettung und Erfüllung ihrer Sehnsüchte, offenbaren sich aber nicht mit ihren Wünschen und Nöten aus Angst, wieder verletzt und verlassen zu werden. Der narzisstische Persönlichkeitsstil ist so gesehen eine Schutzhaltung, um sich gegen weitere Verletzungen und Zurückweisungen zu wappnen. Denn wer sein Herz nicht öffnet, kann nicht im Herzen verletzt werden. Der Schutzpanzer wehrt alle Angriffe ab, mauert aber auch das Herz ein und macht es unempfänglich für Liebe.

6. Liebe ist …

… wenn wir miteinander verschmelzen und jeder sich für den anderen aufgibt. Wir treffen uns, verlieben uns, verstehen uns und wollen immer beieinander bleiben. Nach dem alten Kinderspruch: Verliebt, verlobt, verheiratet und dann ist alles gut. Eine romantische Idealvorstellung von Liebe und Partnerschaft, die uns in so vielen Liedern und Geschichten vorgemacht wird. Der Tenor dabei ist: Nur du allein kannst mich glücklich machen, ohne dich bin ich nichts, wir zwei sind eins und für immer vereint.

Leider scheitert die Umsetzung dieser Vorstellung, denn solche idealisierten Beziehungen haben in der Realität kaum eine Chance, länger zu bestehen. Viele enden nach drei Monaten, spätestens nach einem oder nach zwei Jahren. Dann nämlich, wenn die Verliebtheit endet und eine neue Form von Liebe und Miteinander gefunden werden muss. Das ist jedoch genau der springende oder besser gesagt der gefährliche Zeitpunkt für narzisstische Partner. Denn hier beginnt das Einlassen und das Erkennen, wer der andere über sein Idealbild hinaus auch noch ist. Kann er das Versprechen wirklich halten, mir zu geben, wonach ich mich sehne? Kann er zum idealen Vater, zur ersehnten Mutter werden? Ist er auf Dauer wirklich so toll, wie er zu Beginn erschien? Viele entscheiden sich dann lieber für einen Traum von Beziehung und gegen die reale Partnerschaft. Denn die kann nie so schön und befriedigend sein wie die vorgestellte.

Sylvia hat ihr Leben lang nur kurzfristige Zweierbeziehungen gelebt und leidet nun mit Anfang 40 darunter, keinen Partner zu haben, mit dem sie eine Familie gründen kann.

Sylvia ist eine Frau, wie sie für die heutige Zeit typisch ist: selbstbewusst, alleinstehend, mit einem guten Beruf. Sie ist ehrgeizig, fleißig und meistert ihr Leben. Nur Beziehungen sind ihr Problem. Bisher sind alle Partnerschaften zerbrochen, denn entweder sind die Männer gegangen oder sie hat sich abrupt getrennt. Die Dauer der Beziehungen wurde immer kürzer und die Verzweiflung bei der Trennung immer größer. Denn jede Enttäuschung aktivierte die alten Wunden und rührte an dem Gefühl, als Frau versagt zu haben. Die Partner, die sie sich wählt, entsprechen einem bestimmten Muster: Sie müssen attraktiv sein, einen guten Beruf haben so wie sie, dürfen finanziell nicht von ihr abhängig sein und müssen charmant und intellektuell sein. Da »die biologische Uhr tickt«, wie sie es nennt, wird es Zeit, einen Mann für sich und einen Vater für ihr Kind zu finden. Der Zeitdruck, unter dem sie steht, ist sicherlich nicht förderlich, um sich nicht in die nächstbeste Beziehung zu stürzen und wieder enttäuscht zu werden.

Sie forciert die Suche, zugleich ist sie aber aufgrund ihrer bisherigen Beziehungserfahrungen sehr misstrauisch. Besonders belastet sie die Erinnerung an ihren letzten Freund, den sie liebte und mit dem sie sich eine gemeinsame Zukunft vorstellte, der sie aber von einem Tag auf den anderen verließ. Das sollte ihr nicht wieder passieren.

Wie könnte sie das verhindern? Entweder den idealen Mann finden oder sich auf keinen mehr wirklich einlassen. Woran erkennt sie den idealen Mann? Er gibt ihr all das, was die anderen nicht konnten: Er liebt sie bedingungslos, versteht sie immer, geht auf sie ein, kann sich in sie einfühlen und enttäuscht sie nicht. Auch sollte er mit ihr so viele Gemeinsamkeiten haben, dass es zu keinen Auseinandersetzungen kommt. Wenn beide dasselbe wollen, dann ist es harmonisch. Wenn sie mich wirklich liebt, ist alles ganz einfach, wie im siebten Himmel.

Sie lernte Justus kennen, der äußerlich gar nicht ihren Vorstellungen entsprach. Die erste Entscheidung hieß daher für sie: Der kommt als Partner nicht infrage, aber ich nehme ihn als Abenteuer. Sie versicherte mir, dass sie kein wirkliches Interesse an ihm habe, aber da gerade kein anderer Mann da war, wollte sie die Liebesaffäre genießen.

Das klingt sehr ausbeutend, denn der Mann scheint gar nicht wichtig zu sein, nur das, was er ihr gibt. Das Ausbeuterische ist jedoch im Grunde die Abwehr, die narzisstische Menschen gegen die Angst vor Nähe aufbauen. Wenn Sylvia leugnet, wie wichtig ihr der Partner ist, dann muss sie nicht spüren, dass sie Angst hat, sich einzulassen und vielleicht wieder enttäuscht, verletzt oder verlassen zu werden. Und wenn sie sich für ihn entscheidet, was ist dann mit all den anderen Männern, die sie nicht mehr kennenlernen kann, vielleicht ist da noch ein besserer dabei?

Drum prüfe, wer sich ewig bindet, ob sich da nicht was Bessres findet ... ein altes Sprichwort, das Narzissten gerne zitieren, um ihre Bindungsprobleme zu legitimieren. Als würde es darum gehen! Es geht vielmehr um die Befürchtung, was passiert, wenn sie sich auf Nähe einlassen und zu einem Menschen Ja sagen.

Denn dadurch begegnet sich der Mensch selbst, da er durch sein Gegenüber gespiegelt wird und Seiten an sich erfährt, die er allein nicht erfahren würde. Diese Tatsache macht Beziehungen so wertvoll und spannend, aber auch bedrohlich. Denn der Mensch wird auch mit seinen Beziehungsdefiziten konfrontiert, seinen tiefen Sehnsüchten und narzisstischen Anteilen: seinen hohen Ansprüchen, seinen Wünschen nach Einssein, seiner Angst vor Auseinandersetzung, seiner Furcht, nicht zu genügen, und der Gefahr, der andere genüge ihm nicht.

Aus der vorübergehenden Liebesaffäre zwischen Sylvia und Justus entwickelte sich nach und nach eine beginnende Partnerschaft. Zuerst war er die treibende Kraft, umwarb sie und signalisierte ihr sein Interesse. Sie war zurückhaltend und etwas ablehnend, denn er kam ihr viel zu schnell viel zu nah. Dennoch blieb sie und brach nicht gleich ab, obwohl das ihr geläufiges Muster ist. Allmählich wurde es immer schwieriger zwischen ihnen, weil sie erkannte, dass er negative Seiten hatte, die sie kaum ertragen konnte. Er sagte ihr nie, dass er sie liebe, und nahm ihr dadurch die Sicherheit, die sie von ihm gebraucht hätte, um Vertrauen aufzubauen und sich einzulassen. Stattdessen wurde sie eifersüchtig, wenn er anderen Interessen nachging und sie sich dadurch zurückgesetzt und unwichtig fühlte. Sie war in ihrem Wunsch nach Beachtung und Einzigartigkeit gekränkt und reagierte darauf mit Vorwürfen. Nicht selten kam es dadurch zu Streitereien, die lautstark endeten und beide ziemlich ratlos zurückließen.

Ihr tiefster Wunsch war, von ihm erkannt zu werden in dem, was sie braucht. Er sollte wissen, welche Bedürfnisse sie hat und sie ihr erfüllen, ohne dass sie darum bitten muss, denn nur dann ist es für sie Ausdruck seiner Liebe. Denn, wenn sie ihm erst sagen muss, was sie glücklich macht, ist die Liebesbeteuerung nichts mehr wert. Und auch sie wird seine Wünsche erraten und ihn so lieben, wie er es braucht. Keine andere könnte es so gut wie sie.

Dieses Denken ist Ausdruck des Wunsches nach Verschmelzung, nach Einssein. Er steht über allem und verhindert die Akzeptanz der Andersartigkeit des Partners. Eine wirkliche Auseinandersetzung kann auf diese Weise nicht entstehen. In diesem Denken passen die Partner entweder optimal zusammen oder nicht. Dass Beziehung Arbeit bedeutet und ein gutes Zusammenleben dadurch entsteht, sich aneinander zu reiben, miteinander zu verhandeln und Kompromisse zu schließen, ist in ihrer Definition von Liebe nicht enthalten. Beziehungsarbeit erlebt Sylvia eher als trennend denn als verbindend. Lieber würde sie sich einen neuen Mann suchen, der von vornherein besser zu ihr passt, als sich mit den Seiten von Justus zu arrangieren, die sie nicht mag.

Da Sylvia bereits vor Beginn der Begegnung mit Justus eine Therapie bei mir begonnen hatte, konnte sie nun die Schwierigkeiten beim Aufbau der Partnerschaft mit meiner Hilfe reflektieren. Das hatte zur Folge, dass sie begann, nicht nur kognitiv analysierend auf die Zweisamkeit zu schauen, sondern ihre Gefühle zuzulassen. Sie spürte, was sie von ihm braucht, was ihr guttut und was nicht und worum sie ihn bitten möchte. Das Spüren hatte eine große Irritation zur Folge, denn es machte sie empfindlich, verletzlich und unsicher, wo sie doch sonst nur mit dem Verstand handelte. Es war, als hätte sie ihre Krücken in die Ecke gestellt und lerne nun, allein zu laufen. Sie hatte ihre Kontrolle verloren und befürchtete, sich zu unterwerfen, wenn sie sich ihm offenbart. Ihre innersten Gefühle, Bedürfnisse und Erwartungen behielt sie immer für sich, sofern sie sich erlaubte, sie überhaupt wahrzunehmen. Sich dem Partner damit zu offenbaren bedrohte sie, denn sie wusste nicht, ob Justus sie zurückweisen würde, wie sie es als Kind erfahren hatte.

Die Angst, sich unterwerfen zu müssen, sich klein und inkompetent zu fühlen, ist ein Begleiter narzisstischer Paare und verhindert Liebe und Zuneigung. Sylvia erwartet, dass Justus sich ihren Wünschen unterwirft, und befürchtet zugleich, dass Justus dasselbe von ihr verlangt. Deshalb muss sie die Kontrolle über ihn, ihre Gefühle und die Beziehung behalten.

Was narzisstischen Liebesbeziehungen fehlt, ist die »zärtliche Strömung der Liebe«.[11] Sie zeigt sich in:

* Sorge um den anderen
* Neugier für den anderen und sein Leben
* Empathie und Einfühlung in die Gefühle und Bedürfnisse des anderen
* optimale Distanz zwischen den Partnern
* Versöhnlichkeit
* Dankbarkeit
* Achtung und Wertschätzung.

In der eitlen, narzisstischen Liebe vergessen die Menschen wichtige Daten im Leben ihrer Liebespartner, sie können ihre Bedürfnisse nicht mit denen des anderen abstimmen, aber auch die der anderen nur schwer erfüllen. Statt neugierig und aufmerksam zuzuhören, zeigen narzisstische Partner wenig Interesse beispielsweise an Familiengeschichten ihrer Partner/in oder unterbrechen die Erzählung ständig, um von eigenen Erlebnissen zu sprechen und die Aufmerksamkeit dadurch auf sich zu ziehen. Sie bleiben passiv, wenn es darum geht, offen zur Beziehung und zum Partner/zur Partnerin zu stehen. Gleichgültigkeit resultiert häufig aus dem Mangel an Einfühlung und Interesse. Sie sind so sehr mit sich beschäftigt, dass sie darüber den anderen vergessen oder direkt ausblenden.

Was die optimale Nähe angeht, sind narzisstische Menschen in einer Ambivalenz. Sie wollen selber nicht auf ihre eigene vollkommene Autonomie verzichten, dem anderen aber seine Eigenständigkeit nicht zugestehen, sondern am liebsten mit ihm verschmelzen. Das erzeugt Aggressionen beim anderen und wird mit Rückzug oder Kälte und Unnahbarkeit beantwortet.

Auch nachtragendes und rachsüchtiges Verhalten schnürt die Liebe zwischen narzisstischen Partnern ab. Es fällt ihnen schwer, zu verzeihen und zu vergessen. So kann es dazu kommen, dass der Partner oder die Partnerin immer wieder mit ironischen oder sarkastischen Abwertungen konfrontiert wird, oftmals sogar vor Dritten. Durch die Beschämung des anderen können sie ihr eigenes gekränktes Selbst aufrichten. Denn nun sind sie in der überlegenen Position. Verzeihen hieße, den anderen straffrei davonkommen zu lassen, Rache dagegen gibt die eigene Verletzung und Frustration dem anderen zurück.

Aber auch Gleichgültigkeit und Abwehr unterlaufen jede Liebesbeziehung. Werden narzisstische Partner kritisiert, etwas falsch gemacht zu haben, können sie sich in der Regel nicht damit auseinandersetzen und ihren Fehler einsehen, vielleicht sogar korrigieren. Stattdessen ziehen sie sich zurück und weichen aus. Sie ertragen es nicht, etwas nicht gut gemacht zu haben, denn in dem Moment bricht ihr Selbstwertgefühl zusammen. Sie schämen sich dafür, zeigen aber nach außen nur Gegenwehr in Form von Rechtfertigung oder Schuldzuweisung an den anderen.

Das Fehlen der Fähigkeit, ein Wir-Gefühl zu etablieren, ein gemeinsames Erleben, ein »Wir-Uns-Erleben«[12], bei dem jeder sowohl mit sich selbst in Kontakt ist als auch mit dem andern fühlt, ist ein wichtiger Faktor für das Scheitern von narzisstischen Beziehungen.

7. Wer gibt sich für wen auf?

Ein Grundthema narzisstischer Beziehungen heißt: Wer gibt sich für wen auf?

Der Paartherapeut Jürg Willi hat diese Thematik unter dem Begriff der narzisstischen Kollusion bereits Mitte der 70er-Jahre beschrieben. Aktualität besitzt dieses Konzept bis heute. Unter Kollusion versteht er das gemeinsame Konfliktthema eines Paares. Wird dieses nicht gelöst, kann das Paar sich nicht positiv entwickeln, sondern ist absorbiert von dem Konflikt. Die Partnerschaft engt sich auf den Grundkonflikt ein und die Partner agieren entsprechend konflikthaft.

»Das narzisstische Beziehungsthema: Es kreist um die Frage, inwieweit erfordern Liebe und Ehe, dass ich mich für meinen Partner aufgebe, und inwiefern kann ich in einer Paarbeziehung ich selbst bleiben? Inwiefern müssen wir uns gegenseitig abgrenzen, und inwiefern können wir miteinander verschmelzen? Inwiefern soll sich der Partner mit mir identifizieren, nur für mich leben und mich in meinem Selbstgefühl aufwerten, und inwiefern kann ich beim Partner ein besseres Selbst entlehnen?«[13]

In diesem Zitat von Willi sind wesentliche Themen angesprochen, die Sie in diesem Buch beispielhaft bei den beschriebenen Paaren wiederfinden.

- Einmal geht es um Unterwerfung unter die Erwartungen des Partners um den Preis der Selbstverleugnung. In diesem Fall bedeutet Liebe Selbstaufgabe. Es zählt nur das, was den anderen glücklich macht und zufriedenstellt, nicht das, was einem selbst guttut.
- Ein anderes Mal liegt der Schwerpunkt der Beziehung dar-

auf, sich mit dem Partner/der Partnerin zu schmücken, um sich auf diese Weise aufzuwerten.

- Bei einem anderen Paar dominiert die Frage, wie nah oder fern sie sich sein können. In der Regel wechselt bei narzisstischen Paaren die symbiotisch verschmelzende Nähe mit einer fast unüberwindlichen Distanz ab. Entweder möchten sie ganz nah sein, bis die Angst eintritt, vereinnahmt zu werden, oder ganz fern, verbunden mit depressiven Verlassenheitsgefühlen.

In allen Fällen erwarten die Partner voneinander, in einer bestimmten Weise zu sein. »Einfach« so zu sein, wie jemand ist, ist keinem erlaubt, auch wenn viele die Sehnsucht danach spüren.

Das gilt aber nicht nur für Zweierbeziehungen, sondern gleichwohl für Freundschaften und Familienbeziehungen. Auch hier müssen die Beteiligten sich entscheiden, ob sie sich für den anderen aufgeben oder ihre eigenen Wünsche und Vorstellungen umsetzen wollen.

In meinem Frauen-Seminar mit dem Titel »Wer gibt sich für wen auf?« formulierten die Teilnehmerinnen folgende Nöte:

- Ich traue mich nicht, meine Bedürfnisse zu zeigen.
- Er ist so dominant, ich werde bei ihm zum kleinen Mäuschen.
- Ich stelle meinen Partner auf den Sockel, wenn ich ihn liebe.
- Ich passe mich immer seinen Wünschen und Bedürfnissen an und weiß gar nicht mehr, was ich selber will.
- Ich trau mich gar nicht mehr, mich auf einen Mann einzulassen, weil ich mich dann sofort verliere.
- Ohne ihn bin ich bei mir, aber ist er da, schaue ich nur darauf, dass für ihn alles passt.

Die Liste ließe sich lange weiterführen, aber ich denke, diese kleine Auswahl von Aussagen beschreibt die Situation der betroffenen Frauen sehr gut: Sie fühlen sich klein, machen sich sogar kleiner, als sie sind, ordnen sich unter, stellen den Mann auf den Sockel und leiden.

Im Grunde geht es um die Frage: »Darf ich so sein, wie ich bin, oder bin ich nur durch dich?« Für narzisstische Partnerinnen ist die Antwort klar: »Nein, ich bin nie, wie ich bin, und zeige mich auch nicht so, wie ich bin, denn ich bin nur durch dich. Und daher muss ich dir gefallen. Das ist wichtiger, als ich selbst zu sein.«

Die Position ihrer Männer wurde von den Seminarteilnehmerinnen als dominant beschrieben, teilweise herrisch, abweisend, kalt und unempathisch. Durch die Selbstaufgabe versuchten die Frauen, nicht negativ aufzufallen und die Liebe des Mannes zu bekommen. Doch die Rechnung ging für beide Seiten nicht auf: Die Frauen fühlten sich genauso ungeliebt wie die Männer.

Deutlich sichtbar wurde die beiderseitige Dramatik in einer Skulptur, die eine Teilnehmerin von sich und ihrem Mann stellte. Skulpturen werden in der psychotherapeutischen Arbeit häufig verwendet, um das Konfliktthema des Paares zu verdeutlichen. Beide Partner werden dabei zu einem Standbild aufgestellt, so wie sie die Beziehung erleben. Ist das Paar nicht gemeinsam anwesend, dann übernimmt ein/e Gruppenteilnehmer/in oder ich die Rolle des fehlenden Mannes oder der fehlenden Frau.

Hier nun die Skulptur der Seminarteilnehmerin:

Ihr Mann steht vor ihr, mit dem Rücken zu ihr gewandt, den linken Arm nach hinten in ihre Richtung gestreckt. Sie kniet hinter ihm und streckt beide Arme nach ihm aus, erreicht aber seine Hand nicht. Ihre Position drückt die flehentliche Bitte aus: Erlöse mich aus meiner Unbedeutendheit, aus meiner Unwichtigkeit! Sie schaut dabei zu Boden, sieht ihn nicht und ist weder im Kontakt mit sich noch mit ihm. Der Protagonist in der Rolle des Mannes steht wie versteinert, bekommt Schmerzen im linken Arm und im Rücken und kann sich nicht bewegen. Er fühlt sich unfrei, »schrecklich« einsam, aber auch wütend, weil er so erstarrt ist. In der Realität leidet dieser Mann unter einer Versteifung der Wirbelsäule. Das ist die körperliche Analogie zur seelischen Situation! Eine Einengung und Erstarrung in der Beziehung kann sich in einer körperlichen Steifheit äußern. Zugleich trägt die körperliche Starre zu einer realen Unbeweglichkeit bei, wie sie die Beziehungsdynamik fordert. Das eine unterstützt das andere, bedingt es womöglich sogar.

Als der Frau klar wird, dass sie in ihrer Position den Mann gar nicht sehen kann, hebt sie den Kopf. Im gleichen Moment entsteht in ihr der Impuls aufzustehen. Denn nur, wenn sie zu Boden schaut, kann sie in der inferioren Position bleiben. Und wenn sie eine Beziehung zu ihrem Mann haben will, muss sie ihn zuerst einmal sehen, und das geht nur, wenn sie den Kopf hebt und aufsteht. Dadurch kommt auch der Mann in Bewegung, dreht sich zu ihr und sie halten sich an den Händen. Es tut beiden gut. Sie fühlt sich wichtig und spürt ihre Kraft, er kann sich ihr zuwenden und dadurch Zuneigung für sie spüren.

An diesem Beispiel wird sichtbar, dass im Grunde genau das Gegenteil von dem passiert, was viele Frauen erwarten. Nicht durch Unterwerfung und Selbstaufgabe erwerben sie Anerkennung und Liebe, sondern durch Auflösung des Oben-Unten-Gefälles, also durch Ebenbürtigkeit.

Allerdings wurde diese Skulptur ohne den realen Ehemann gestellt. Ob er sich zu einer ebenbürtigen Beziehung entscheiden kann, ist genauso wenig sicher wie die Tatsache, ob die Frau in Zukunft ihre Selbstaufgabe beendet. Doch sie hat zumindest die Erfahrung gemacht, dass sie sich aus der Unwichtigkeit selbst herausholen kann und dass Beziehung da beginnt, wo sich Menschen wahrnehmen. Das bedeutet: Ich schaue dir ins Gesicht und ich nehme wahr, wie es dir geht und wie du da bist. Ob ihr das mit ihrem Ehemann glücken wird, wissen wir nicht. Denn oft brechen narzisstische Beziehungen gerade dann, wenn der unterlegene Partner oder die Partnerin Augenhöhe einfordert.

8. Beziehung auf Augenhöhe – geht das?

Das Charakteristikum narzisstischer Beziehungen jedweder Couleur ist das Ungleichgewicht. Sei es, dass der Mann der Frau das Gefühl gibt, unterlegen zu sein, sei es, dass die Frau ihrem Mann vermittelt, im Grunde der bessere Mann zu sein. Auch im Beruf, in der Politik, in der Wirtschaft, überall stellen narzisstische Menschen ein Gefälle her. Das hängt direkt mit der Unsicherheit zusammen, die narzisstische Persönlichkeiten auszeichnet, egal, ob sie weiblich oder männlich sind. Um das fragile Selbstwertgefühl zu stärken, müssen sie entweder sich selbst erhöhen und damit den anderen erniedrigen. Oder sie erhöhen den anderen, um sich dann in dessen Glanz zu sonnen und sich dadurch aufzuwerten.

»Narzissten haben ein ungesichertes Selbstgefühl und können den Partner nicht als eigenständiges Individuum wahrnehmen, sondern nur als ›narzisstisches Objekt‹, als eine Erweiterung des eigenen Selbst, als etwas, das ihr Selbst auffüllt, ergänzt, schmückt, erhöht.«[14]

Im Fall der Erniedrigung wird der andere abgewertet und mit einem kritischen, gnadenlosen Blick beurteilt. Der Fokus liegt dabei auf dessen Schwachstellen, nicht auf seinen Stärken. Am Ende wird klar: »Ich bin besser, schneller, schöner, liebenswerter etc. und dadurch mehr wert als du.« Und das verschafft ein Gefühl von Selbstwert.

Im anderen Fall wird das Gegenüber aufgewertet, ob zu Recht oder Unrecht spielt dabei keine Rolle. Die Idealisierung lässt alles am anderen in einem schönen Licht erscheinen, sogar seine bzw. ihre Schattenseiten. Gerade zu Beginn von Beziehungen wirkt dieser Mechanismus. Ist er vorübergehend und wird er im Lauf der Zeit durch eine realistischere Sicht auf den anderen abgelöst, können beide Seiten integriert werden: die, die gefällt, und die, die missfällt. Geschieht dies jedoch nicht, wird also die Idealisierung aufrechterhalten, dann wird es unweigerlich zum Bruch kommen. Denn wer kann schon den idealen Vorstellungen des anderen auf Dauer entsprechen? Der angehimmelte Prinz entpuppt sich als Mensch, der nicht nur tapfer ist, sondern auch Angst hat. Die schöne Prinzessin hat auch Falten und kann sehr übellaunig sein. In dem Moment bricht der schöne Schein zusammen. Oft trennen sich Menschen an diesem Punkt, weil sie sich nicht mehr durch den anderen aufwerten können. Sie fühlen sich betrogen, weil das Gegenüber die Versprechungen nicht eingehalten hat, und wenden sich gekränkt ab.

Dabei böte gerade diese Situation die Chance, die Beziehung neu zu definieren. Sehe ich mein Gegenüber mit seinen Stärken und Schwächen, dann darf auch ich meine Stärken und Schwächen zeigen. Allein dadurch würde das Gefälle aufgehoben, bei dem immer einer besser sein muss als der andere.

Doch was passiert mit dem fragilen Selbst, wenn es mit einem gleich starken Gegenüber konfrontiert wird?

Selbstwertschwache Menschen benutzen zur Stabilisierung ihres Selbstwertgefühls den Mechanismus des Vergleichs, weil ihre Selbsteinschätzung nie unabhängig von äußeren Faktoren ist. Das Außen wird sozusagen zum Maß, an dem sie ihren eigenen Wert messen. Und das Maßband hat nur zwei Ausprägungen: besser oder schlechter. Jedwede Gleichrangigkeit wird nun mit diesem Maßstab beurteilt und am Ende kommt wieder ein Besser oder Schlechter heraus.

Eine andere Frau, die ebenfalls attraktiv ist, ein Kollege, der auch innovative Ideen hat, die Freundin, die einen tollen Job angeboten bekommen hat, die Mutter, deren Kind sozial gut ankommt, all das sind Möglichkeiten, durch die das fragile Selbst in Not gerät und mit starken Selbstzweifeln reagiert:

»Bin ich hässlich und dick, weniger intelligent, ist mein Job unbedeutender und die andere eine bessere Mutter?«

Dass sie nicht weniger attraktiv ist, nur weil die andere Frau auch gut aussieht, dass sein beruflicher Erfolg nicht beschädigt wird, nur weil der Kollege pfiffige Ideen hat, dass der Job der anderen toll sein darf, ohne den eigenen zu schmälern, und dass Mütter nicht besser oder schlechter sind, nur weil das eine Kind etwas kann, was das andere noch lernen muss, sind Tatsachen, die für narzisstische Menschen schwer zu verstehen sind, weil sie sich nur gut finden, wenn sie besser sind, wenn also ein Gefälle besteht und sie oben stehen. Ein Nebeneinander, bei dem beide stark und gut sein können, kennen sie nicht oder wollen sie nicht. Ebenso wenig wie die Tatsache, dass Anderssein nicht bedeutet, schlechter oder besser zu sein, sondern eben anders.

Die Angst, nicht gut genug zu sein, zwingt diese Menschen, sich ständig mit anderen zu vergleichen, in der Hoffnung, überlegen zu sein. Welch ungeheure Anstrengung und welche Frustration, denn es wird immer jemanden geben, der schöner, intelligenter, schneller, reicher, glücklicher etc. ist. Wirkliche Zufriedenheit mit sich selbst gibt es in diesem narzisstischen Konzept nicht, sondern nur die permanente Bedrohung, schlecht abzuschneiden.

9. Wer hat recht?

Im Kontakt mit anderen äußert sich das Ungleichheitsprinzip häufig in Streitereien darum, wer recht hat oder etwas besser weiß. Die andere Meinung kann allein schon als Angriff auf die eigene Person erlebt werden, denn sie vermittelt dem unsicheren Menschen: Das weißt du nicht richtig, also bist du dumm. Der Kampf ums Rechthaben ist im Grunde ein Kampf um den Erhalt des positiven Selbstbildes. Recht haben wird zum Existenzrecht, zum Recht, da zu sein. »Nur wenn ich recht habe, bin ich achtenswert und habe ein Recht darauf, da zu sein.«

Marie klagte in der Therapie immer wieder über ihren Mann, mit dem sie in Gesprächen so schnell aneinandergerät und keine Probleme lösen kann. Ob es nun um Kleinigkeiten geht wie die Frage, was sie heute zusammen unternehmen wollen, oder um größere Entscheidungen, immer enden die Gespräche im Streit oder mit einem unguten Gefühl. Marie leidet sehr darunter, denn jedes Mal hat sie das Gefühl, nicht gehört und ernst genommen zu werden und in den Augen ihres Mannes alles falsch zu machen. Und dabei strengt sie sich schon so an, es ihm recht zu tun. Umso verletzender ist es für sie, wenn er ihr vorwirft, sie würde ihn nur kritisieren und mit Vorwürfen unter Druck setzen.

Bei Marie und Georg treffen zwei Menschen aufeinander, die beide als Kinder und Heranwachsende wenig Achtung und Beachtung erfahren haben und diese nun beim Partner suchen. Im Grunde wünscht sich jeder, ernst genommen und gehört zu werden. Doch das können sie sich nicht geben, weil sie sich durch die Meinung des anderen sofort unter Druck gesetzt fühlen. Als gäbe es nur die Möglichkeit, sich der Meinung des anderen auf Kosten der eigenen Person unterzuordnen oder sie zurückzuweisen, um das Eigene zu schützen. Beide streiten wie um ihr Leben, glauben aber, es ginge um das neue Auto oder die richtige Geldanlage. Erst wenn einer klein beigibt, hört der Streit auf.

Doch bei Marie bleibt das Gefühl der völligen Entwertung ihrer Person zurück, so wie sie es als Kind erlebt hat. Es ist, als würde ihr der Boden unter den Füßen weggerissen und als falle sie in einen Zustand der Nicht-Existenz. Ihrem Mann erzählt sie nichts davon, denn die Angst, nicht verstanden und sich dadurch noch mehr verletzt zu fühlen, ist zu groß, da Georg gelernt hat, seine Gefühle zu verstecken und auf Emotionen anderer abweisend zu reagieren. Im Fachjargon nennt man das mangelnde Empathie. Gefühle seiner Frau machen ihm Angst, sodass er sie abwehren muss. Ließe er sie zu, hätte er Schuldgefühle und würde sich verantwortlich fühlen, weil es ihr schlecht geht, wüsste dann aber doch nicht, was er anders machen könnte. Also bleibt Marie mit ihrem Schmerz allein und der Graben zwischen ihnen wird immer tiefer.

Was ihr hilft, ist zu verstehen, welche kindliche Verletzung in diesen Momenten bei ihr angerührt wird, dass sie nicht mehr auf ihre erwachsenen Fähigkeiten zurückgreifen kann. Es ist ihr Aschenputtel-Anteil, der aufersteht, der Teil in ihr, der sich abgelehnt, nicht wahrgenommen, entwertet und manchmal sogar unwürdig fühlt. In diesem Zustand kann sie sich nur in sich zurückziehen, denn ihr fehlt wie Aschenputtel das passende Kleid, um auf den Ball zu gehen. Das heißt in ihrem Fall, eine angemessene Form, sich auszudrücken, zu ihren Vorstellungen und Wünschen zu stehen und sich zu vertreten. Das gelingt ihr nicht, weil der Kinderteil die Führung übernimmt und keinen Platz für das erwachsene Verhalten lässt. In der Therapie bekommt dieser Aschenputtel-Anteil endlich Beachtung und kann allmählich integriert werden (siehe auch Kapitel 16: »Die Arbeit mit dem inneren Kind«). Übernimmt sie Verantwortung für ihren verletzten Teil, dann muss es ihr Mann nicht mehr tun. Zum Gelingen der Beziehung reicht das vermutlich nicht aus, denn auch Georg ist aufgerufen, sich seine wunden Punkte bewusst zu machen und zu schützen.

Rechthaberei und das Gefühl, alles besser zu wissen, kann auch im Berufsleben zu massiven Problemen führen. Sicher kennen Sie Mitarbeiter, die keine Arbeit abgeben und alles alleine machen, weil sie meinen, es besser zu können als die anderen, sich aber über die große Arbeitsbelastung und die geringe Unterstützung der Kollegen beschweren. In ihren Augen sind die anderen faul oder inkompetent und nur sie selbst die Einzigen, die wirklich etwas tun und vom Fach verstehen. Sie stellen sich über die anderen, werten sie ab und sich selbst damit auf. Das hat negative Konsequenzen für das Arbeitsklima, was das Muster immer mehr verstärkt.

Narzisstisch strukturierte Personen gibt es häufig in der Führungsebene, wo sie die Macht haben, zu entscheiden, was richtig ist und falsch. Eine andere Meinung anzuhören, sie als Überzeugung des anderen zu akzeptieren, ohne sie wertend gegen sich zu richten, gelingt ihnen fast nie. Nach dem Motto »Wer nicht für mich ist, ist gegen mich«. Zu welcher Destruktivität eine solche Haltung führen kann, haben wir in den Jahren 2001 bis 2009 unter dem amerikanischen Präsidenten George W. Bush erleben müssen. Alte Bündnisse wurden bei Meinungsverschiedenheiten aufgekündigt, Gegner versucht zu vernichten, um ihnen die eigene Weltsicht überzustülpen. Es herrschte die Polarisierung in Gut und Böse, die unweigerlich zum Kampf führte. Kompromisse gab es in diesem System ebenso wenig wie Gleichrangigkeit. Es herrschte das Gesetz des sogenannten Stärkeren, der recht hat, weil er den anderen einschüchtert und ihn so zum Schwächeren macht, statt ihn neben sich zu achten.

Das folgende Zitat von Willi über Narzissten klingt wie eine Beschreibung der fanatischen Kämpfer von Al Quaida: »Im messianischen Eifer ziehen Narzissten mit ihren Jüngern quasi in den heiligen Krieg, sie verlangen blinde Ergebenheit und verstehen es, die Gruppenkohäsion hochzuhalten durch ein Feindbild, in das alles Schlechte projiziert wird.«[15] Doch im Grunde gilt diese Aussage für alle, die glauben, andere mit Macht und gegebenenfalls mit Gewalt von ihrer Meinung überzeugen zu müssen. Sie gibt es in der Politik, in der Wirtschaft, in Schulen, in Freundschafts- und Liebesbeziehungen. Ein solcher Kämpfer steckt in jedem narzisstischen Menschen und macht ihn daher für seine Umwelt so schwierig. Denn für den Erhalt des eigenen Selbstwertgefühls ist er sogar bereit, Beziehungen aufs Spiel zu setzen oder zu zerstören.

10. Macht und Unterwerfung

Wirth nennt Narzissmus und Macht die siamesischen Zwillinge: Der eine kann nicht ohne den anderen. Allerdings müssen wir berücksichtigen, dass nicht jede Macht aus einem narzisstischen Motiv erwächst. Eine Chefin beispielsweise hat aufgrund ihrer Position und der damit zusammenhängenden Entscheidungsbefugnis über Bezahlung, Inhalte und Arbeitszeiten Macht über ihre Mitarbeiter. Nicht ohne Grund werden diese auch häufig als Untergebene betitelt. Sie begeben sich unter die Macht des anderen bzw. müssen dies tun. Wie die Macht jedoch gelebt wird, ob autoritär, selbstbezogen oder demokratisch, hängt zum einen von dem umgebenden System ab, zum anderen von der Persönlichkeit des Mächtigen. Da gleichwertige Beziehungen für narzisstische Menschen schwer zu leben sind, können wir davon ausgehen, dass sie ein Machtgefälle herstellen, ein Oben – Unten, ein Macht haben und ein Sich-Unterwerfen. Denn für sie gilt häufig, » … dass gesellschaftliche Macht gesucht wird, um innere Gefühle von Ohnmacht, Hilflosigkeit und Minderwertigkeit zu kompensieren.«[16]

Doch Macht wirkt nicht nur in der Gesellschaft, in Politik oder in der Wirtschaft, sondern in jeder zwischenmenschlichen Beziehung. Bei der Frage aus Kapitel 9 »Wer hat recht?« spielt Macht ebenso eine Rolle wie bei der Pygmalion-Dynamik im Kapitel 21. Immer dort, wo die Beziehungspartner nicht auf der gleichen Ebene stehen, geht es auch um Macht. Sei es, weil sich einer unsicherer fühlt als der andere oder weil beide um Akzeptanz und Ansehen buhlen. Sie stehen in einem Verhältnis zueinander, in dem dem einen die Macht und dem anderen die Ohnmacht zugeteilt wird. Beziehungsweise der eine nimmt sich die Macht und der andere die Ohnmacht.

Denn mächtig kann nur der sein, dem auch die Möglichkeit dazu gegeben ist.

Doch auch die Unterlegenen haben Macht, wenn sie das Verhalten und Befinden der Mächtigen beeinflussen oder manipulieren, wie wir es bei Streiks sehen. Auch in der Therapie erleben wir die Macht der Machtlosen. Wer seine Hilflosigkeit mit allen Mitteln verteidigt, ist so mächtig, dass keine Unterstützung daran etwas ändern kann. Angehörige von depressiven oder suchtkranken Menschen können ein Lied davon singen.

Macht kann verstanden werden als die Möglichkeit und Fähigkeit menschlichen Handelns, gestaltend in den Ablauf von Ereignissen einzugreifen, um die eigenen Interessen durchzusetzen. Voraussetzung dafür ist die Verfügbarkeit über bestimmte Ressourcen wie Geld, Einfluss, Wissen, Informationen, Beziehungen, Schönheit, Infrastruktur u.v.a.[17]

Ausgehend von dieser Definition stellt sich die Frage, um welche Ressourcen es im seelischen Bereich geht, die zur Machtausübung eingesetzt werden. Denn es sind nicht nur die materiellen, kognitiven und sozialen Verfügbarkeiten, die Macht geben, sondern auch seelische »Manöver«, die willentlich oder unwillentlich eingesetzt werden, um andere Menschen dahin zu manipulieren, wo man sie haben will. Hier soll es jetzt nicht um die Fälle gehen, wo jemand einem anderen bewusst schaden oder sich materiell an ihm bereichern will, wie im Fall von Betrügern, sondern darum, wie jemand seinen Gewinn auf der psychischen Ebene sucht.

Im Fall narzisstischer Defizite versuchen die Menschen mit ihrer Machtausübung ihr eigenes Selbstwertgefühl zu stabilisieren und ihr narzisstisches Gleichgewicht zu erhalten. Das, was sie tun, um Macht über den anderen zu bekommen, lässt sich anhand des Konzepts des »expanded self« beschreiben. Dieser Begriff stammt von Frank Petermann und bedeutet »ausgedehntes Selbst«.

Das »expanded self« beschreibt eine »vereinnahmende innere Haltung« der Umwelt gegenüber, bei der der andere seiner selbst beraubt wird. Das getrennte Gegenüber mit eigenen Impulsen, Gefühlen und Bedürfnissen wird nicht respektiert, sondern einverleibt und dient auf diese Weise der Erweiterung des eigenen Selbst. Das »expanded self«, die Ausdehnung des eigenen Selbst auf den anderen, ist sozusagen der Mechanismus für die eigene Selbstbezogenheit. Indem das Selbst des Narzissten sich durch den anderen erweitert, wird dieser einverleibt und zum Objekt der Eigenliebe. Das geht so weit, dass alles, was der andere sagt, so umdefiniert wird, als seien es die eigenen Gedanken. Auch die Handlungen des anderen werden durch das »expanded self« so erlebt, als seien sie eigentlich die Folge eigener Intentionen.

Das heißt, der Narzisst bezieht alles auf sich und meint, der Urheber dafür zu sein, was er im Außen, bei dem anderen, erlebt. Auf diese Weise wird der Erfolg des Mitarbeiters zum Sieg des Vorgesetzten umdefiniert oder die gute Note des Kindes zur gelungenen Elternschaft. Aber auch umgekehrt wird dann das Versagen des anderen zum eigenen Versagen oder man selbst wird zum Urheber eines Unglücks, mit dem man im Grunde nicht wirklich etwas zu tun hat.

Durch den Mechanismus der Selbsterweiterung zwingt der narzisstische Mensch den anderen unbewusst, seine Definition von sich selbst zu übernehmen. Der andere wird so, wie ihn der Narzisst sieht oder sehen will. Der psychodynamische Terminus für diesen Sachverhalt heißt: projektive Identifikation. Das bedeutet, dass der Narzisst Teile von sich externalisiert, nach außen verlagert, und der andere sich damit identifiziert. So können beispielsweise eigene Unzulänglichkeitsgefühle abgewehrt werden, indem sie auf den anderen projiziert werden, der sie dann für sich selbst übernimmt und sich dementsprechend inkompetent verhält.

»Man kann sich das ›expanded self‹ wie das Schachbrett des Narzissten vorstellen, auf dem die Menschen aus seiner Umwelt Figuren darstellen, über die er verfügt. Um die anderen zum Mitspielen zu bewegen, bedarf es virtuoser Manöver sowie besonderer Bedingungen in der Struktur der anderen, damit dieses Kunststück gelingt«[18]

Narzissten werden in jedem Kontakt versuchen, ein »expanded self« mit einem anderen herzustellen, doch wirklich gelingen wird es nur bei einem sogenannten Komplementärnarzissten. Das sind diejenigen, die dazu neigen, sich von außen definieren zu lassen und es vielleicht sogar unterstützend und nährend erleben, durch die Augen eines anderen beurteilt zu werden. Sie sind auch narzisstisch, suchen den Blick des anderen und sind bereit, dafür einen hohen Preis zu zahlen, nämlich den ihrer Eigenständigkeit und Identität. Dafür bekommen sie eine Bezogenheit, die sie für Liebe und Nähe halten, spüren die Manipulation und Fremdbestimmtheit aber erst spät, manchmal sogar nie.

Die Beziehung von Isolde und Konrad ist dafür exemplarisch. Sie nahm im Lauf der Jahre sehr destruktive Züge an, obwohl sie schon zu Beginn getrübt war. Isolde hatte ihrem Mann nie verziehen, dass er sie nicht vor den Angriffen seiner Mutter verteidigte, die ihr zu verstehen gab, dass ihr Sohn eine bessere Frau verdient hätte. Hinterher entschuldigte sich Konrad für die Äußerung seiner Mutter, doch in ihrer Gegenwart hatte er geschwiegen. Isolde hatte sich verlassen gefühlt und wünschte sich doch so sehr einen Mann, der hinter ihr steht. Das Gefühl, für ihren Mann nicht gut genug zu sein, verließ sie nie mehr, denn die Aussage der Schwiegermutter bestätigte ihre eigenen Befürchtungen, diesem Mann nicht zu genügen. Das hatte zur Folge, dass sie versuchte, eine perfekte Ehefrau zu werden, indem sie den Haushalt optimal organisierte, die Kinder gut erzog, exzellent kochte und alle Pflichten, die an sie herangetragen wurden, erfüllte. Auch hielt sie alle zusätzlichen Arbeiten von ihrem Mann fern und verwöhnte ihn ein Leben lang. Sie verstand erst in der Therapie, dass sie all das tat, um ihr Minderwertigkeitsgefühl als Frau auszugleichen oder zumindest zu beruhigen. Darüber fand sie jedoch keine Zeit mehr für sich, vergaß geradezu, sich um sich selbst zu kümmern, und wurde immer unzufriedener. Denn ihre Arbeit wurde in ihren Augen nicht geschätzt, sondern als selbstverständlich hingenommen. Bat sie ihren Mann einmal um Hilfe im Garten, so musste sie »ewig« warten, bis er es machte. Oft reichte Isoldes Geduld nicht aus und sie mühte sich dann selbst mit dem schweren Rasenmäher ab, nicht ohne ihm das irgendwann vorwurfsvoll aufs Brot zu schmieren.

Gewohnt, sowohl daheim als auch in seinem anspruchsvollen Job geschätzt und auf ein Podest gehoben zu werden, stellte Konrad das Verhalten seiner Frau nicht infrage. Im Gegenteil, er gab ihr sogar das Gefühl, wertvoll zu sein, wenn sie seinen Erwartungen entsprach und ihm sein Idealbild bestätigte: das Bild eines Mannes, vor dem andere zittern und dessen Wort etwas gilt. Er ließ ungern eine andere Meinung gelten und war zufrieden, wenn es so lief, wie er es sich vorstellte. Bestätigte sie seine Vorherrschaft, wurde sie mit Harmonie und lieben Worten belohnt. Dass Isolde womöglich Wünsche an ihn hatte oder mit vielem nicht einverstanden war, wurde nicht thematisiert. Sie fühlte sich ihm gegenüber zu minderwertig, um ihre Position zu vertreten. Ihre Impulse, Fähigkeiten, Stärken und Wünsche kontrollierte sie, indem sie sie verdrängte und versuchte, sich immer mehr an einem fremden Bild von sich zu orientieren, das mit ihr nur wenig zu tun hatte. Abwertungen, Nachlässigkeiten oder sogar Unverschämtheiten ihres Mannes nahm sie entweder nicht wahr oder definierte sie um als Ausdruck seines beruflichen Stresses oder ihrer Minderwertigkeit. Indem sie ihm recht gab, verlor sie den Rest ihrer Selbstachtung.

Die Ventile ihrer inneren Spannung und ihres Konflikts waren Krankheiten und Verweigerung. Sie litt an verschiedenen Schmerzzuständen, Allergien, Herz-Rhythmusstörungen und orthopädischen Rückenproblemen. Diese Erkrankungen gaben ihr die Möglichkeit, sich zu verweigern, wenn ihr Mann verreisen wollte oder sonstige Unternehmungen vorschlug. Im Grunde drückte ihr Körper das Nein aus, das ihr durch sein

»expanded self« verweigert wurde. Sie hatte seine Definition übernommen und die hieß, alles klaglos hinzunehmen. Sie fühlte sich zwar durch ihn manipuliert und beeinflusst, hatte aber den Eindruck, ihn mit ihrer Sicht der Dinge nicht zu erreichen. Als wüsste er schon im Vorhinein, dass sie sich beschweren will, hörte er ihr deshalb gar nicht erst zu. Konrad wurde in dieser Beziehung zum Sender, von dem alle Informationen und Definitionen ausgingen, und sie wurde zum Empfänger, der alles aufnahm. Die Richtung der Beeinflussung war eindimensional von ihm zu ihr. In ihrem Fall war Konrad derjenige, dessen »expanded self« aktiv wurde, und Isolde die, die sich passiv in seinem einfand. In der Beziehung zu ihren Kindern dagegen war sie es, die ihr »expanded self« über sie ausbreitete.

Im Laufe der Jahre fühlte sich Konrad immer mehr im Recht und identifizierte sich mehr und mehr mit seinem Idealbild. Isolde dagegen wurde immer unzufriedener und kränker, bis sie sich eines Tages entschloss, eine Therapie anzufangen: »So will ich nicht weiterleben«, war ihre Antwort auf meine Frage, was sie in der Therapie wolle. Konrad hatte anfänglich keine Motivation, etwas an sich zu verändern, denn er sah die ganze Schuld bei ihr. Er bat um eine Einzelsitzung bei mir, die er jedoch nicht dafür nutzte, um etwas über sich selbst herauszufinden, sondern um mir die Wahrheit über Isolde zu erzählen, die sie mir bestimmt verschweige oder falsch darstelle. Es war sehr spannend, seine Version zu hören, und es wäre hilfreich gewesen, wenn sich beide als Paar darüber ausgetauscht hätten. So aber versuchte er, mich in sein »expanded self« zu verstricken, sozusagen als seine Komplizin, die seine Definition der Dinge übernimmt und die er lobt, sobald ich ihn bestätige.

Die Falle beim »expanded self« ist die Verführung, das eigene Selbstwertgefühl zu erhöhen, wenn ich auf das von ihm gesteuerte Spiel eingehe. Durch seine Bestätigung fühle ich mich als Therapeutin aufgewertet, muss mich aber dafür ihm anpassen. Das geschieht in der Regel dann, wenn ich mich unsicher fühle. Indem ich mich ihm unterordne und dadurch seine Zustimmung erhalte, kann ich mich in meiner Arbeit wieder sicher fühlen. Im Kontakt mit narzisstisch strukturierten Menschen passiert eine solche Verunsicherung leicht, weil sie es schaffen, dass sich ihr Gegenüber in ihrer Gegenwart unterlegen und minderwertig fühlt. Vor allem, wenn sie als Mann einer weiblichen Therapeutin gegenübersitzen, versuchen sie, die dominierende Position einzunehmen. Das tun sie, indem sie zum einen alle Probleme von sich weisen (ich bin nicht krank, meine Frau ist es), und zum zweiten mir vermitteln, dass sie sowieso alles schon wissen und im Grunde nur da sind, um mich zu unterstützen.

An diesem Punkt muss ich als Therapeutin achtsam sein, denn ich könnte in eine sogenannte Double-bind-Situation geraten. Der Begriff stammt von Gregory Bateson und beschreibt eine Situation, in der man es nie richtig machen kann, egal, was man tut. Fühle ich mich ihm also unterlegen, dann erfülle ich zwar seine Erwartung und entspreche seiner Definition als einer, der er etwas beibringen muss. Zugleich aber widerspräche es dem Bild der Therapeutin, die kompetenter sein sollte als der Laie. Bin ich also inkompetent, ist es nicht richtig, weil es dem Bild der Therapeutin widerspricht, und er könnte mich deshalb abwerten. Bin ich dagegen kompetent, widerspricht es seiner Definition von mir und könnte schnell in einem Machtkampf enden, weshalb er mich dafür abwerten könnte. Wie ich bin, ist es also falsch.

Wenn ich jedoch bei mir bin, mich so lasse, wie ich bin, und ihn auch sein lasse, wie er ist, ihm zuhöre, ihn ernst nehme und mit der entsprechenden therapeutischen Distanz auf ihn reagiere, dann kann Kontakt entstehen. In diesem Fall höre ich mir an, was er mir über seine Frau erzählt, frage nach und versuche herauszufinden, wie es ihm geht. Ich bleibe so neutral wie möglich und schlage mich weder auf seine Seite noch auf die seiner Frau, sondern lasse beide Realitäten nebeneinander stehen. Dadurch entsteht zumindest eine Begegnung, die von Achtsamkeit und Achtung geprägt ist. Achtsamkeit für mich selbst und Achtung für ihn und seine Manöver, sich zu schützen.

Die Macht dessen, der aktiv ein »expanded self« mit dem anderen herstellt, liegt in der Möglichkeit, sich selbst und den anderen zu definieren und die Beziehung nach den eigenen Regeln zu gestalten. Der passive Teil ist der, der sich unterwirft, der die Definition des anderen annimmt und sich danach verhält. Der Narzisst ist der, der aktiv ein »expanded self« herstellt, der Komplementärnarzisst nimmt die passiv aufnehmende Rolle ein.

11. Im Bann des fremden Selbst

Doch was macht es so attraktiv, auf dieses Spiel einzugehen, sich der Definition des anderen zu unterwerfen? Vielleicht ist die Frage so gar nicht richtig gestellt, denn im Wesentlichen läuft der Prozess der Selbstausdehnung unbewusst ab. Die Rolle, wer der Aktive ist, der definiert, und wer der Passive ist, der sich anpasst, wird meist schon in den ersten Sekunden verteilt.

»Ich besuchte Freunde auf dem Land, wo wir als Gruppe einige Tage Urlaub machen wollten. Zum Teil kannten wir uns schon lange, zum Teil noch gar nicht. Allmählich trudelten die restlichen Personen ein, bis nur noch Eberhard fehlte. Als wir uns das erste Mal begegneten, war es schon dunkel. Keiner konnte den anderen richtig erkennen, denn es war Nacht. Er saß im Auto, ich stand draußen. Durch die offene Scheibe reichte er mir die Hand und sagte: ›Ich bin Eberhard und du?‹ Obwohl weiter nichts vorfiel, wusste ich, dass ich in Gegenwart dieses Menschen um mein Überleben kämpfen musste. Nicht das körperliche, sondern das seelische. Es war, als hätten wir uns erkannt, ohne auch nur ein Wort darüber zu verlieren. Ich fühlte mich abgelehnt, entwertet, nichtig, klein, unbedeutend. Als würde ich nicht mehr existieren und er habe alle Macht, mich glücklich oder unglücklich zu machen. Wenn ich mich mit seinen Augen sah, war ich ein Häufchen Elend, eine verunsicherte Frau, die nichts von sich hielt und ihm nichts entgegensetzen konnte. Ich war wie ausgeliefert, wie paralysiert und litt entsetzlich. Ich kam in Kontakt mit einem großen Schmerz und starken Verlassenheitsgefühlen. Als hätten mich alle und die ganze Welt allein gelassen und wären gegen mich. Das war natürlich nicht so, fühlte sich aber so an.

Ich spürte sofort die Ambivalenz der Begegnung: hingezogen zu einem Menschen, der mich im selben Atemzug abstieß, verunsicherte und mit meinen inneren Ängsten konfrontierte. Er erschien mir perfekt, im Mittelpunkt, von allen akzeptiert, glücklich und ohne einen Gedanken an ein Problem. Und ich glaube, er hatte auch keins oder spürte es zumindest nicht. Das Leid lebte ich, die Großartigkeit er. Ich litt so lange, bis ich mit einem mir vertrauten Menschen über meine Gefühle sprach und endlich aus mir rausgehen konnte. Die Unterstützung und Zuneigung halfen, die schlimmste Not zu lindern. Doch ich war erst entlastet, als er weg war und ich wieder zu mir kam.«

Was war zwischen Ingeborg und Eberhard passiert? Es trafen sich zwei Menschen, die unbewusst, im Sinne von nicht reflektiert, spürten, dass sie sich vor dem anderen schützen mussten und zugleich den großen Wunsch verspürten, vom anderen anerkannt zu werden. Eine Ambivalenz, die in narzisstischen Beziehungen immer wieder anzutreffen ist. Als würden zwei Billardkugeln aufeinanderprallen und sich im selben Moment abstoßen.

Die Bedrohung des Selbstwertgefühls wird in Schach gehalten, indem man Macht über den anderen gewinnt und sich subjektiv überlegen fühlt. Der andere wird dadurch kleiner, denn er verliert durch die fremde Definition den Kontakt zu sich selbst, was ihn erheblich schwächt. Die Folge ist eine Verunsicherung, die viele Menschen in Gegenwart von Narzissten erleben. Sie fühlen sich unfrei, spontan zu reagieren, kontrollieren ihr Verhalten, halten ihre Gefühle zurück, da sie sie als unangemessen erleben, versuchen, gut anzukommen und zu gefallen und denken hauptsächlich darüber nach, was dem anderen gefallen würde. Sie sitzen in der Falle des »expanded self« des anderen, weil es nicht mehr um ihre eigenen Bedürfnisse und Empfindungen geht, sondern um das Wohl des anderen. Dafür zu sorgen scheint vielversprechend zu sein, denn, wenn es dem anderen gut geht, haben sie sich richtig verhalten und werden dafür belohnt mit Harmonie, Zuwendung und dem Erhalt der Beziehung. Und das wirkt wie eine Bestätigung.

Eberhard schützte sein Selbstwerterleben, indem er Ingeborg in sein ausgedehntes Selbst hineinzog. Das verlieh ihm Macht und ein subjektives Erlebnis von Erhöhung. Zugleich kam Ingeborg in die unterlegene Position, indem ihre Impulse ständig durch seine Definitionen überlagert wurden und sie so das Gefühl für sich selbst verlor. War sie wirklich so unsicher und nichtig, konnte sie ihm wirklich nichts entgegensetzen oder warum verhielt sie sich wie hypnotisiert? Irgendwie erlebte sie sich fremdbestimmt und konnte nicht mehr unterscheiden, ob das, was sie wollte und tat, von ihr kam oder geschah, weil er es ihr diktierte. Es gelang ihr jedoch, den Kontakt zu sich selbst so weit herzustellen, dass sie spürte, mit der Lösung der Situation überfordert zu sein und Unterstützung und Zuspruch zu brauchen. Hier setzte eine konstruktive Regulation ihres Selbstwertgefühls ein. Glücklicherweise waren an diesem Ort auch Menschen, bei denen sie sich sicher fühlte und auf Verständnis traf.

Diese Tatsache ist meines Erachtens entscheidend, um sich aus dem Bann des »expanded self« zu befreien: den Kontakt zu sich herzustellen, die eigenen Gefühle, Bedürfnisse und Impulse zu spüren und Menschen zu haben, die darauf verständnisvoll reagieren. Das kann eine Freundin/ein Freund sein, ein Geschwister, eine Therapeutin/ein Therapeut oder jeder andere vertraute Mensch.

Eine Lösung im Kontakt mit dem Menschen zu finden, der das »expanded self« herstellt, scheint viel schwieriger oder sogar unmöglich. Denn wenn Ingeborg Eberhard ansprechen würde, dass sie sich eingeschränkt und von ihm klein gemacht fühlt, würde er entgegnen: »Was hast du nur, du kannst doch machen, was du willst.«

Diese Antwort hilft nicht weiter, da sie weder wirkliches Verständnis für Ingeborg vermittelt, noch ihr die Möglichkeit gibt, bei sich anzukommen. Die unbewusste Machtdynamik zwischen ihnen wird nicht aufgelöst, sondern sogar verstärkt, denn mit diesem Satz überhöht er sich, indem er Ingeborg die Erlaubnis erteilt, so zu sein, wie sie ist. Und wieder definiert er sie.

Was wäre eine effektive Unterstützung? Was sollte die Person tun, die um Rat gefragt wird? Im Grunde erstmal nichts weiter, als da zu sein, falls notwendig zu trösten, die Gefühle ernst zu nehmen und jedwede Belehrung oder Wertung zu unterlassen. Denn die Verletzungsgefahr ist in diesem Moment besonders groß, da die Person sich verwundet und schutzlos fühlt. Ein achtsamer Kontakt kann an sich schon heilend wirken. Diese Einfühlung und Begleitung kann ihr Eberhard nicht geben, denn er müsste dazu das Machtspiel aufgeben, was ihn selbst schutzlos machen würde.

Sobald Ingeborg sich aus dem Bann des »expanded self« von Eberhard gelöst hat, kann sie sich wieder selbst definieren als die, die sie ist, was in der narzisstischen Beziehung untersagt war und negativ sanktioniert wurde. Und sie kann ihr Idealbild des anderen mit realistischeren Augen sehen und auflösen.

Man könnte bei dieser Darstellung meinen, Eberhard sei der Böse, der Täter, der der armen Ingeborg etwas antut. Ich möchte vor dieser Interpretation warnen, denn so einfach ist es nicht. Es geht hier nämlich nicht um Schuld oder richtig oder falsch, sondern um den Versuch, per Manipulation das eigene Selbstwertgefühl zu schützen. Es ist eine Machtdynamik, an der beide Seiten ihren Anteil haben und die Ingeborg durch ihr eigenes fragiles Selbst mitgestaltet. Die Rollen können auch wechseln und dann ist Ingeborg die, die den anderen definiert. Und in der Regel laufen diese Prozesse unbewusst ab.

12. Ein kleiner Leitfaden zum Aufspüren narzisstischer Verstrickungen

Es gibt eine Reihe von Charakteristika, an denen man erkennen kann, dass ein »expanded self« zwischen zwei Menschen entstanden ist:[19] Drei Fragen sollen dies erhellen:

1. Woran erkennen Sie bei sich selbst, dass Sie sich im »expanded self« eines anderen befinden?
2. Woran erkennen Sie beim anderen, dass dieser ein »expanded self« mit Ihnen herstellt?
3. Woran erkennen Sie bei sich, dass Sie ein »expanded self« mit einem anderen herstellen?

Schauen wir uns diese Fragen nun eingehender an:

1. Woran erkennen Sie, dass Sie sich im »expanded self« eines anderen befinden?

- Fühlen Sie sich im Kontakt minderwertig, klein, nicht gut genug, nichtig?
- Oder fühlen Sie sich im Gegenteil besonders und unangemessen aufgewertet?
- Erleben Sie Ihr Gegenüber als ideal und überlegen?
- Trauen Sie sich nicht, spontan zu handeln?
- Kontrollieren Sie Ihre Impulse und Ihr Verhalten?
- Trauen Sie sich nicht, dem anderen ehrlich zu sagen, wie es Ihnen geht und was Sie brauchen?
- Schielen Sie immer danach, was Ihrem Gegenüber gefallen könnte?
- Verhalten und fühlen Sie sich eher unbeholfen und unerwachsen? Vielleicht so, wie Sie das aus Ihrer Kindheit kennen?

- Erleben Sie Angst, Panik, Verlassenheitsgefühle, Depression oder körperliche Zustände, die für die Situation nicht angemessen sind und Ihnen selbst übertrieben vorkommen?
- Können Sie diese Zustände trotzdem im Kontakt mit dem anderen nicht stoppen?
- Greifen Sie auf Suchtmittel zurück, um sich zu beruhigen, von Ihren Gefühlen abzulenken oder um die Situation zu ertragen?
- Sehen Sie sich durch die Augen des anderen und versuchen, dem fremden Bild zu entsprechen?
- Machen Sie sich und dem anderen etwas vor?
- Sind Sie gar nicht die Person, die Sie vorgeben zu sein, nur um zu gefallen oder um Ihr Gegenüber für sich einzunehmen?
- Verleugnen Sie alles, was Sie am anderen nicht sehen wollen?
- Spüren Sie die Ablehnung und Abwertungen des anderen überhaupt erst, wenn Sie allein sind?
- Sehen Sie im Kontakt mit dem anderen keinen Weg, sich von seiner Beeinflussung zu distanzieren?
- Verhalten Sie sich anders als sonst?
- Strengen Sie sich im Kontakt sehr an?

Lothars Erfahrungen als Seminarleiter sind ein Beispiel dafür, wie eine Gruppe ein »expanded self« mit einem Lehrer installieren kann.

Lothar arbeitete in der Aus- und Fortbildung von Psychotherapeuten und fühlte sich in seinem Fach sattelfest. Er wurde eingeladen, eine Gruppe von ärztlichen und psychologischen Psychotherapeuten weiterzuqualifizieren. Sie waren zu diesem Kurs gezwungen worden, um ihre Kassenzulassung zu behalten, obwohl viele von ihnen schon lange praktizierten. Das bedeutete ein hohes Kränkungsgefühl der Teilnehmer, die sich von staatlicher Seite entwertet und bevormundet fühlten. Ihr berufliches Selbstwertgefühl war enorm beschädigt, weil ihre Kompetenz infrage gestellt wurde und sie sich wie »dumme Schuljungen und -mädchen« behandelt vorkamen. Ihren Zorn und ihre Kränkungsreaktion projizierten sie auf den Lehrer, der zum Stellvertreter der zu bekämpfenden gesellschaftlichen Instanz wurde. Um ihre Selbstwertschwächung zu kompensieren, mussten sie den Lehrer abwerten und sich über ihn stellen.

Ohne sich untereinander abzusprechen, bildeten sie ein »expanded self«, das sie vor dem Verlust ihrer Selbstachtung schützte und den Lehrer als inkompetent und ungerecht definierte. Wenn er sich vor der Gruppe lächerlich machte, konnten sich die Schüler überlegen fühlen.

Die Gruppe bildete eine solche negative Übermacht, dass Lothar unbemerkt ihre negative Definition von sich übernahm. Das konnte auch deshalb geschehen, weil Lothar dazu neigte, sich bei Kritik selbst infrage zu stellen. Daher kam er stark unter Druck. Statt sich wie sonst im Fluss zu fühlen, stockte nicht nur sein Atem, sondern auch die Vermittlung des Inhalts und der Dialog mit den Schülern. Er fing an, sich selbst schlecht zu bewerten und sich so inkompetent zu fühlen, wie es die Definition der Gruppe vorgab.

Zugleich fühlte er sich ausgeliefert, weil er sich in einer Double-bind-Situation befand. Denn einerseits bekam er den Auftrag, als Lehrer kompetent zu sein, auf der anderen Seite wurde er negativ definiert. Wie immer er sich entschied, er konnte es nicht recht machen. War er kompetent, fühlten sich die Schüler noch mehr gekränkt, war er inkompetent, füllte er die Lehrerrolle nicht aus. Was die Machtdynamik letztlich auflöste, war das Bewusstmachen dessen, was zwischen ihm und den Schülern passierte und das Ansprechen der aggressiven, gespannten und abwertenden Atmosphäre. Denn auch wenn die Schüler in der überlegenen Position waren, fühlten sie sich nicht entspannt und offen, sondern spürten wie Lothar den Druck und die Gereiztheit.

2. Woran erkennen Sie beim anderen, dass dieser ein »expanded self« mit Ihnen herstellt?

- Die andere Person zeigt sich von ihrer besten Seite.
- Sie erwartet, dafür von Ihnen idealisiert zu werden.
- Ihr Gegenüber definiert, wie Sie sein sollen, meist non-verbal.
- Ihr Gegenüber erwartet, dass Sie dieser Definition entsprechen, und reagiert negativ, wenn Sie das nicht tun.
- Verhalten Sie sich anders, als Ihr Gegenüber es erwartet, wird er/sie versuchen, Sie zu manipulieren oder zu entwerten.
- Oder es kommt sogar zu manifesten Auseinandersetzungen wie: lautstarken Streitereien, Anschuldigungen, Vorwürfen, starken Spannungen und schlimmstenfalls zum Beziehungsabbruch.
- Sie werden belohnt, wenn Sie bereit sind, »sein idealisiertes Selbstbild zurückzuspiegeln«.[20]
- Sie erreichen diese Spiegelung durch ein Kompliment, eine Liebeserklärung, durch Verwöhnung, Bewunderung, Aufmerksamkeit, durch ein direktes Lob und recht geben.
- Oder Sie erreichen es dadurch, dass Sie so sind, wie Ihr Gegenüber Sie haben will und es dadurch Nutzen aus Ihnen zieht: beispielsweise der Stolz, den Ihre Partnerin für Sie empfindet, weil Sie die Ihnen zugedachte Rolle als toller Mann perfekt erfüllen und sie sich dadurch aufgewertet fühlt. Oder wenn Sie durch Ihre guten Ideen das Selbstwertgefühl Ihres Chefs stärken, der es als sein Verdienst verbucht, einen so kompetenten Mitarbeiter eingestellt zu haben.
- Fühlt sich Ihr Gegenüber durch Sie in seinem Idealbild bestätigt, entspannt sich die Beziehung und wird harmonisch.
- Ihr Gegenüber lässt Sie spüren, dass ihm Macht wichtig ist, und er schreckt auch nicht davor zurück, Sie zu unterwerfen.

Im Fall von Lothar ist der Mechanismus des »expanded self« an der Gruppe daran zu erkennen, dass sich die Teilnehmer als hoch kompetent ausgeben und scheinbar offen sind für den Unterricht. Das sind sie aber in Wirklichkeit nicht, denn sie kritisieren Lothar und geben ihm keine Chance, sein Wissen zu vermitteln, da die Gruppe es abwertet. Je mehr er darauf beharrt, den Teilnehmern etwas beibringen zu wollen, umso destruktiver reagiert die Gruppe. Zeigt sich Lothar am Boden, hilflos und als Versager, haben sie ihr Ziel erreicht und ihren eigenen Selbstwert durch den Sieg über Lothar zurückgewonnen.

3. Woran erkennen Sie bei sich, dass Sie ein »expanded self« mit einem anderen herstellen?

- Sie werden zum Sender, Ihr Gegenüber zum Empfänger.
- Sie sagen eher den anderen, wo es langgeht, anstatt dass man es Ihnen sagt.
- Notgedrungen hören Sie zu und tun so, als wären Sie geduldig. Innerlich sind Sie jedoch unwillig und haben schon Ihre Widerrede oder Richtigstellung parat.
- Sie beeinflussen die anderen, lassen sich selbst aber nicht beeinflussen.
- Sie setzen sich in Szene, ohne Rücksicht auf die Bedürfnislage der anderen.
- Ihr subjektives Gefühl ist grandios, unschlagbar, Sie überflügeln alle und sind immer völlig im Recht.
- Sie sind kongruent mit Ihrem Idealbild, was mit mangelnder Selbstkritik einhergeht.
- Ihre Grandiosität, die jetzt vorherrscht, lässt Sie die Bodenhaftung verlieren, Sie heben ab.
- Sie haben dann weder Kontakt zu Ihrem wahren Selbst noch zu der wahren Welt.
- Auch blenden Sie jegliche emotionalen Berührungen aus.

- Die Gefahr des Überfliegens liegt in der Anstrengung, oben zu bleiben, und dem Schmerz des Absturzes, der irgendwann eintritt.
- Dann droht der Kontakt mit Ihrem Minderwertigkeitsgefühl, das hinter der grandiosen Fassade lauert, aber durch das Herstellen des »expanded self« mit einem anderen in Schach gehalten wird.

Das Gefälle in narzisstischen Beziehungen erklärt sich vor diesem Hintergrund folgendermaßen: »Der eine befindet sich im ›expanded self‹ des anderen und ist Empfänger gegenüber dem Sender. Das bietet die Möglichkeit, eigene Gefühle von Grandiosität zu stabilisieren und fest zu installieren.«[21]

13. Unausgesprochene Erwartungen

Im Phänomen der »unausgesprochenen Erwartungen« kommt der Mechanismus des »expanded self« voll zum Tragen. Vermeintliche Erwartungen zu erfüllen ist ein grundsätzliches narzisstisches Thema und macht die Instabilität und Unsicherheit der Persönlichkeit deutlich. Wenn Menschen unsicher über sich selbst sind, dann suchen sie die Bestätigung im Außen. Je narzisstischer Menschen sind, umso stärker sind sie darauf angewiesen, von anderen positiv bewertet und bestätigt zu werden, um eigene Selbstzweifel in Schach zu halten und ihr Selbstwertgefühl vor dem Absturz zu bewahren. Das versuchen sie dadurch zu erreichen, dass sie alles tun, um beim anderen gut anzukommen. Sie haben früh gelernt, dass es wichtig ist, die Erwartungen der anderen zu erfüllen. So, wie die Mutter das Kind nur achtete, wenn es so war, wie sie es haben wollte, so glauben die Erwachsenen heute noch, dass es ebenso mit der Partnerin oder dem Partner funktioniert. »Wenn ich die Person werde, die meine Partnerin oder mein Partner sich wünscht, dann wird er /sie mich lieben und nur dann!«

Die Orientierung an den vermeintlichen Vorstellungen des Gegenübers führt unweigerlich zu einer Vernachlässigung der Eigenwahrnehmung. Die würde auch stören, denn man könnte merken, dass man im Grunde anders ist als die Person, die man durch die Anpassung aus sich macht. Das würde zwar Authentizität bedeuten, ist aber für einen narzisstischen Menschen Feindesland. Denn es setzt ein intaktes Selbstwertgefühl voraus, das sich auch ohne äußere Bejahung zumindest über einen längeren Zeitraum im Gleichgewicht halten könnte. Aber genau das fehlt. Besser ist es demnach, sich mit den Projektionen des anderen zu identifizieren und zu dem Menschen zu werden, der man durch die fremde Projektion ist.

Vor allem Frauen mit einem instabilen Selbstwertgefühl neigen dazu, den Kontakt zu sich zu verlieren und sich an einem Außen, in diesem Fall dem Partner, zu orientieren. Sie fügen sich in das ausgedehnte Selbst des anderen ein, das ihnen Halt und Orientierung gibt. Dabei übernehmen sie zum einen die fremde Definition, reagieren aber auch auf eigene Über-Ich-Forderungen, wie sie als Frau zu sein haben.

Irene beschrieb diesen Mechanismus als Registrierkasse, die jedes Verhalten aufzeichnet und dann bewertet. War sie ausgelassen, emotional, sie selbst, dann wurde das hinterher von ihr als schlecht bewertet und sie verurteilte sich dafür. Nicht nur das, sie schämte sich auch, sich so gezeigt zu haben. Was denken jetzt die anderen über sie? Kann sie sich überhaupt noch sehen lassen? Wie kann sie es wiedergutmachen? Natürlich nur durch noch mehr Anpassung an die vermeintlichen Erwartungen der anderen. Und dem noch stärkeren Verbot, so zu sein, wie sie ist. Ein Teufelskreis, in dem sie lange Zeit gefangen war. Was sie gemacht hat, ist, die anderen über sich entscheiden zu lassen, ob sie wertvoll und liebenswert ist oder nicht.

Das hatte zu tun mit ihrer Geschichte, die sie sehr früh schon verunsicherte und zur Anpassung trieb. Sie wuchs allein bei ihrer Mutter auf, die drogenabhängig war. In ihrem Rausch war diese oft stunden- oder sogar tagelang nicht ansprechbar. Irene bezog als kleines Mädchen den Rückzug der Mutter im Rausch auf sich: »Ich bin schuld, ich habe etwas falsch gemacht, mich falsch verhalten, weil die Mutti sich nicht um mich kümmert.« Ihre Not wurde noch größer durch die Angst, die sie um ihre Mutter hatte, denn oft wusste sie nicht, ob sie noch lebt oder schon tot war. Sie sieht sich als Zweijährige, wie sie zusammengekauert an der Wand lehnt und wie gebannt auf die Mama schaut, die auf der Couch schläft. Irene wartet stundenlang unbeweglich, spürt weder Hunger noch Durst noch

Kälte, nur unendliche Angst und Verlassenheit. Für eine Zweijährige ein existenzielles Trauma, das nur durch die Vorstellung, die Mutter zu retten, aushaltbar ist. Und Rettung hieß für sie: »Ich bin ganz lieb, mache keinen Ärger und tue alles, damit es Mutti gut geht.« Zum Beispiel, dass sie keinen Hunger hat, dann muss Mutti auch kein schlechtes Gewissen haben, dass sie nicht für Lebensmittel gesorgt hat. Oft wurde Irene wegen des kritischen Zustands der Mutter zu Nachbarn oder Freunden und Verwandten gebracht, die sich um sie kümmerten. Auch wenn sie dort zu essen bekam und sie es warm und sicher hatte, fühlte sie sich dennoch abgeschoben, nicht zugehörig, eine Last und Beschwerde für die anderen. Was hilft gegen diese Gefühle? Sich unsichtbar zu machen, so zu werden, dass sie nicht auffällt, sich so anzupassen, dass man sie gar nicht bemerkt.

Die Falle in ihren erwachsenen Beziehungen bestand darin, dass sie bei allem, was sie tat und wie sie war, nach dem anderen schielte, wie er oder sie auf sie reagiert. Wird sie abgelehnt und kritisiert oder angenommen und gemocht? Im Beruf war es nicht anders als privat. Sie konnte nur einen Stillstand ihrer Registrierkasse erreichen, wenn sie sich nicht direkt abgelehnt fühlte. Aber manchmal half nicht einmal das. Sie war völlig auf die Bestätigung von außen angewiesen, um einen Rest von Selbstwertgefühl und Existenzberechtigung zu spüren.

Dass wir alle auf Zuspruch und Bestätigung durch Mitmenschen angewiesen sind, um unser Selbstwertgefühl stabil zu halten oder sogar zu erhöhen, ist ein normaler narzisstischer Mechanismus. Je stärker jedoch die inneren Selbstwertverletzungen sind, die jemand in seinem Leben erfahren hat, umso stärker entwickelt sich die narzisstische Prägung der Persönlichkeit in dem Sinne, dass die Selbsteinschätzung und sogar das eigene Überleben von der positiven Reaktion der anderen abhängt.

Aus dieser tiefen Verunsicherung heraus werden sich diese Menschen viele Gedanken darüber machen, wie sie auf andere wirken: »Wie muss ich aussehen, um zu gefallen, was muss ich tun und unterlassen, um akzeptiert zu werden, was darf ich von mir preisgeben oder lieber nicht, um geachtet zu werden?« Frauen fühlen sich abhängig von der Zuwendung des Mannes und geraten nicht selten in Panik, wenn sie befürchten, er entziehe sich. Den Grund dafür suchen sie dann bei sich selbst, glauben, nicht schön genug zu sein, zu dick, zu unattraktiv, zu langweilig, nicht gut genug und im Grunde eine Zumutung. Nur durch seine Bestätigung, dass das nicht so ist, können sie ihre Selbstzweifel einigermaßen stoppen.

»Wo ist die erwachsene Frau?«, frage ich dann meine Klientinnen. »Wo ist die Frau, die weiß, was sie will, was sie braucht und das auch kundtut? Die sich selbst einschätzen kann, wie hübsch sie ist, die mit sich zufrieden und in Frieden lebt?« Die Antwort: »Die gibt es nicht.« Da ist nur das Erleben eines kleinen, unsicheren Mädchens, das sich anpassen kann und auch gerne will. Denn wenn sie sich an den Erwartungen des Partners orientiert, glaubt sie, alles richtig machen zu können und sich nichts vorzuwerfen zu müssen.

»Doch was erwartet Ihr Partner?« »Na ja, dass ich schlank bin, hübsch aussehe, keine zu hohen Anforderungen an ihn stelle, ihn emotional also nicht zu sehr fordere. Dass ich ihm das Leben schön mache und dasselbe will, was er will.« Die Liste vermuteter Erwartungen des Partners ließe sich fast endlos verlängern, denn jede Frau hat ihre eigenen Vorstellungen davon, was dem Partner gefallen könnte. Die Prüfung an der Realität ist oft niederschmetternd, weil der Partner nicht weiß, wie ihm geschieht. »Das soll ich von dir erwarten?« Nein, er sieht die Frau, die Beziehung und seine Vorstellungen ganz anders. Gut, dass wir mal drüber reden!

Das war auch die Arbeit für Isolde und Konrad. Sie erinnern sich: Isolde passte sich Konrad an aus ihrem Gefühl, er habe eine bessere Ehefrau verdient, und er zog sich immer weiter in seine Großartigkeit zurück. Isoldes Enttäuschung, weder sich selbst noch ihrem Mann zu genügen, stieg und äußerte sich immer häufiger in psychosomatischen Krankheiten. Was sie nicht wusste und was im Laufe der Gespräche herauskam, war, dass ihr Mann unter starken Schuldgefühlen ihr gegenüber litt. Er glaubte, ihre körperlichen und seelischen Beschwerden lägen an ihm. In seiner Hilflosigkeit verschloss er sich zunehmend, was Isolde aber als Zurückweisung erlebte und als Bestätigung ihrer Minderwertigkeit interpretierte. Als sie das begriff, wurde ihr das ganze Ausmaß des Irrtums zwischen ihnen deutlich. Sie verglich es mit der Geschichte eines Paares, das sich streitet, und er verlässt daraufhin das Zimmer. Als er zurückkehrt, um mit ihr zu reden, hört er den Schlüssel im Schloss und geht davon aus, dass sie das Zimmer verriegelt und ihn abweist. Er verlässt sie und erfährt erst kurz vor seinem Tod, dass sie gerade dabei war, die Tür für ihn aufzuschließen.

Das Aufdecken der gegenseitigen Erwartungen kann ein solch tragisches Ende in einer Partnerschaft verhindern. Auch Isolde und Konrad hatten einen schmerzvollen Weg vor sich, auf dem dies alles einmal ausgesprochen werden sollte. Doch was so hoffnungsvoll erschien, drohte an seinem Widerstand zu scheitern. Er wollte sich darauf nicht einlassen. Seine Angst, als Schuldiger dazustehen, war zu groß, und das Vertrauen in Isolde, dass sie ihn nicht verachtet, zu gering. Zu tief saßen in ihm das Misstrauen und die Scham, die ihn immer wieder daran hinderten, sich zu öffnen und seine Gefühle zu zeigen. Viele negative Erfahrungen haben in ihm Spuren hinterlassen und ihm gezeigt, wie gefährlich es sein kann, sich preiszugeben. Wie oft haben seine Eltern ihn verlacht und bloßgestellt, wenn er weinte oder sich fürchtete. Weder sein Vater noch seine Mutter konnten seine Gefühle ertragen, und so entschloss er sich früh, sie zu verschließen. Zurück blieb seine Furcht, nicht richtig zu sein, alles falsch zu machen und an allem schuld zu sein, was er jetzt hinter seiner Überheblichkeit versteckte. Jeder vorwurfsvolle Blick von Isolde, wenn sie sich überfordert fühlte, jeder Migräneanfall und jede Nicht-Bestätigung seiner Person lösten diese Angst aus. Sie war auch der Grund, warum er sich damals bei seiner Mutter nicht vor seine Frau stellen konnte. Die Vorstellung, seine Mutter würde ihn vor seiner zukünftigen Frau blamieren, hätte er nicht ausgehalten. Seine Rückzugstendenzen und sein Abschotten waren für ihn Schutz, um sein Selbstwertgefühl nicht völlig zu verlieren. Für Isolde bedeutete das jedoch eine Zurückweisung ihrer Person, auf die sie mit Vorwurf und Verachtung reagierte. Welch ein Dilemma: Das, was er unter allen Umständen verhindern wollte, nämlich schuld zu sein, provozierte er sogar selbst.

14. Die Partnerwahl

Jede Zweierbeziehung beginnt mit der Partnerwahl, die nach Stiemerling durch drei wesentliche psychologische Faktoren determiniert ist:[22]

- der Partner ähnelt einem wichtigen Elternteil
- der Partner verspricht, bisher unbefriedigte zentrale Beziehungswünsche und Bedürfnisse zu erfüllen
- der Partner »verkörpert durch sein Verhalten und seine vermeintliche Wesensart ein großes Versprechen: die Zuversicht nämlich, er werde zur seelischen Stabilisierung des Suchenden beitragen, ihn von seinem Konfliktdruck entlasten und damit sein Leben angstfreier und sicherer machen.«[23]

Die Partnerwahl ist häufig mit großen Hoffnungen verbunden. Nicht nur mit dem Wunsch, dass die Beziehung mit diesem Menschen lange glücklich Bestand haben möge, sondern auch, dass gerade mit diesem Partner eine Weiterentwicklung möglich ist, man zusammen in »neue Lebensräume« vordringt, in die man allein nicht kommt.

Partner haben die »Hoffnung, beim anderen eine bestimmte Entwicklungsmöglichkeit ins Leben zu rufen oder mithilfe des anderen eine eigene Lebensmöglichkeit verwirklichen zu können. Gewisse persönliche Entwicklungen sollen mit und durch den anderen realisiert werden. Die Partner brauchen sich also gegenseitig, und das gibt ihrer Beziehung das ganz Besondere, Spezifische und nicht Wiederholbare.«[24]

Unter narzisstischen Aspekten kommt eine weitere wichtige Variante hinzu: die Selbstwertstärkung durch den Partner/die Partnerin.

Leider gibt es heute immer noch den Glauben, dass wahres Glück nur zu zweit erlebbar sei und Menschen, die allein leben, »keinen oder keine abgekriegt haben« und beziehungsunfähig sein müssen. Diese Sicht ist außerordentlich abwertend und defizitorientiert und schließt eine Entwertung der Person mit ein. Als sei man ohne Partner/Partnerin per se weniger wertvoll. Was liegt da näher, als sich schleunigst jemanden zu suchen, den die Frau als ihren Mann präsentieren kann bzw. mit der sich der Mann schmücken kann?

Wir haben zwar eine Single-Kultur – sogar meine allein lebende 88-jährige Mutter spricht davon, ein Single zu sein – aber dennoch oder gerade deshalb boomt der Markt von Partnerschaftsbörsen. Kaum hat sich ein Paar getrennt, sind beide oft schon wieder auf der Suche, chatten in Kontaktforen und hoffen, endlich den Richtigen oder die Richtige zu finden.

Was treibt diese Menschen an?

Es ist zum einen das Alleinsein, das vor allem narzisstische Menschen dazu bewegt, eine Beziehung zu suchen. Denn Alleinsein ist für sie schwer auszuhalten, sie brauchen das Gegenüber, die Bestätigung und den Input von außen, ohne den sie verkümmern wie eine Blume ohne Wasser. Alleinsein bedeutet für sie, keine narzisstische Zufuhr, keine Bestätigung zu bekommen und abgeschnitten zu sein vom Kontakt. Das löst das typische Rückzugsverhalten aus, oft sogar depressive Zustände. Sie können mit sich allein nichts anfangen und vereinsamen, weil ihnen die Bühne der Selbstdarstellung und die Spiegelung durch den anderen fehlen.

Partnerschaft bedeutet aber auch Erfüllung von Sehnsüchten, Hoffnungen, Heilserwartungen und natürlich eine Bereicherung. Für manche ist sie sogar der Lebensinhalt per se. Schmerzhaft ist es zu sehen, wie schnell diese Hoffnungen und Erwartungen zerbrechen können.

Nach König ist der zentrale Beziehungswunsch des Narzissten die Bewunderung durch den anderen. Danach suchen sie sich ihren Partner/ihre Partnerin aus. Der grandiose, offen narzisstische Partner sucht sich ein bewunderndes Gegenüber, der komplementäre Narzisst wählt sich jemanden zum Bewundern. Doch auch der bewundernde Part will im Grunde seines Herzens bewundert werden, auch wenn er es nicht so offensichtlich einfordert. Er tut es eher über den Weg seiner perfekten Anpassung an die Idealvorstellung des Narzissten, um auf diese Weise zu punkten.

Die Beziehung von Siglinde und Peter ist ein Beispiel für eine narzisstische Partnerwahl.

Siglinde ist eine junge Frau von Mitte dreißig, schlank, hübsch, anziehend, attraktiv und begehrenswert. Peter ist ein erfolgreicher Endfünfziger, gut aussehend und auf dem Höhepunkt seines Erfolges. Er bewohnt eine Villa in bester Lage, hat genug Geld, um das Leben von seiner angenehmen Seite zu genießen, aber seit der Scheidung ist er allein und auf der Suche nach einer neuen Frau. Auf einer Party trifft er Siglinde, die ihn durch ihre fröhlich mädchenhafte Art anzieht. Siglinde ist von seinem Aussehen, seinem Auftreten und seinen guten Manieren beeindruckt, auch wenn er etwas zu alt für sie ist. Sie amüsieren sich den ganzen Abend, tanzen, reden, flirten und verführen sich gegenseitig. Die große erotische Anziehung führt dazu, dass sie mit zu ihm geht und sie die erste gemeinsame Nacht zusammen verbringen. Dabei bleibt es nicht, denn sie verlieben sich und entschließen sich zu heiraten. Bis hierher ist alles nachvollziehbar und nicht ungewöhnlich.

Doch da, wo alle Märchen aufhören, nämlich nach der Hochzeit, beginnt bei Siglinde und Peter die Feuerprobe. Sie haben durch den großen Altersunterschied einen unausgesprochenen Pakt geschlossen, der sie aneinander bindet.

Der lautet: Sie schenkt ihm ihre Jugendlichkeit, er gibt ihr materielle Sicherheit.

Auch das ist nichts Außergewöhnliches, denn die Partnerwahl kann entweder dem Sicherheitsprinzip oder dem Lustprinzip folgen.[25]

Siglinde und Peter haben sich scheinbar für das Lustprinzip entschieden, bei näherem Hinsehen jedoch für die Sicherheit. Sie sucht das Heim, die finanzielle Versorgung, das Aufgehobensein in der Familie und einen väterlich-versorgenden Mann. Die narzisstische Bestätigung findet sie durch sein gutes Aussehen, sein Auftreten und sein Vermögen. Einen »nur« sicheren Partner hatte sie nicht gesucht, denn sie braucht auch die Selbstdarstellung über Äußerlichkeiten. Auch wenn ihre Eltern in eher bescheidenen Verhältnissen lebten, hat sie alle Wünsche erfüllt bekommen und ist als verwöhnte Tochter aufgewachsen. Aber durch die übergroße Sorge der Mutter, ihrer einzigen Tochter könnte es an etwas fehlen, hat sie ihr keine Grenzen gesetzt, Siglinde aber auch nie die Chance gegeben, Verantwortung für sich zu übernehmen und mit Versagens- und Frustrationssituationen umzugehen. Das emotionale Klima war eher kühl, sodass Siglinde wenig mütterliches Verständnis und emotionale Einfühlung erfuhr, dafür aber materielle Verwöhnung, die sie mit Liebe gleichgesetzt hat.

In Peter findet sie einen Partner, der, wie ihre Mutter, seine Liebe über Geld und Gut ausdrückt. Er zeigt seine Fürsorge, indem er ihr ein gefülltes Bankkonto und allen Luxus bietet. Das erlebt sie als Zuwendung, doch als Peter beruflich immer häufiger unterwegs ist und sie länger allein lässt, fühlt sich Siglinde verlassen, nicht beachtet und nicht wertgeschätzt, wie in ihrer Herkunftsfamilie. Sie tröstet sich mit Shopping-Touren, aber zufrieden wird sie dadurch nicht. Sie ist eifersüchtig auf seinen Job und die Menschen, mit denen er mehr Zeit verbringt als mit ihr, und quengelt wie ein verwöhntes kleines Kind. Ihr unbewusster Wunsch ist, dass Peter sie so beachten würde, wie sie es sich – unbewusst – von ihrer Mutter immer gewünscht hat. Doch auch jetzt wird sie wieder nur mit materiellen Dingen abgespeist. Noch dazu hat die erotische Anziehung zwischen ihnen sehr abgenommen. Sie reagiert gekränkt, macht ihm Szenen und droht, ihn zu verlassen. Doch das traut sie sich nicht, weil sie dann ihre Sicherheit verlieren würde. Auch Peter kann sich eine Trennung nicht leisten, denn für ihn wäre es eine erneute, mit viel Scham verbundene Schlappe, wenn die zweite Ehe auch wieder in die Brüche ginge. Er braucht Siglinde, um sein Selbstwertgefühl als Mann zu stärken. Wer wäre er ohne sie? Er sucht in ihr die verlorene Jugend und wertet sich auf, wenn er mit ihr auf Einladungen erscheint. Doch mehr als einen prachtvollen goldenen Käfig kann er ihr nicht bieten.

Ist einmal das Bedürfnis nach Sicherheit einigermaßen erfüllt, kommt es nicht selten vor, dass das Lustprinzip wieder auftaucht und dann häufig mit einem anderen Partner/Partnerin gelebt wird. Siglinde lernt einen Mann kennen, mit dem sie eine Außenbeziehung lebt und endlich die emotionale Zuwendung bekommt, die Peter ihr nicht geben kann. Diese Außenbeziehung ist ein Warnsignal und zeigt, dass in der Beziehung zu Peter der Lustfaktor zu kurz kommt. Das will Siglinde aber nicht sehen, sondern nur die Bewunderung und Verführung durch den anderen Mann genießen. Die wird noch dadurch verstärkt, dass sie sich heimlich treffen, was die Spannung und das Interesse erhöht. Sie verdrängt, dass sie in ständiger Gefahr lebt, weil ihre Romanze auffliegen könnte und sie ihre Ehe gefährdet. Sie will leben und das jetzt, ohne an die Konsequenzen zu denken. Ein Kamikaze-Programm, das dramatisch enden kann. Siglinde versäumt, die Chance zu nutzen und sich zu fragen, was sie beide an der Beziehung ändern müssten, statt nur auf eine Außenbeziehung auszuweichen.

Die Wahl des Partners spielt für den Fortgang einer Beziehung eine wesentliche Rolle. In der Regel suchen wir uns gemäß unserer psychischen Struktur ein Gegenüber, mit dem wir unsere Verwundungen überwinden wollen, aber letztlich oft neu inszenieren. Alle Themen von Liebe, Bindung, Zuneigung, Gefühlsaustausch und Sich-Einlassen, die unfertig oder unerlöst sind, determinieren unsere Partnerwahl und leben in der Beziehung wieder auf. Vereinfacht könnte man sagen: wie innen so außen. Das bedeutet, dass die Probleme, die jemand in seiner Beziehung hat, meist viel mit ihm selbst zu tun haben. Siglinde suchte sich einen emotional versagenden Mann. Das Erleben, schon wieder zu kurz zu kommen, böte ihr die Möglichkeit, herauszufinden, woher sie die Erfahrung der emotionalen Zurückweisung aus ihrem Leben kennt. Die Suche führt sie, wie in den meisten Fällen, in ihre Kindheit zu den frühen Bezugspersonen. Sie spürt, dass sie sich bei ihrem Partner im Grunde genauso fühlt wie einst bei ihrer Mutter, die ihr nie emotionale Sicherheit geben konnte. Wenn Siglinde diese alte Erfahrung aufarbeitet, die damit zusammenhängenden Gefühle erlebt und ausdrückt und sich mit ihrer Mutter versöhnt, kann sie das alte seelische Muster möglicherweise auflösen. Die Folge wäre, sich entweder einen zugewandteren Partner zu suchen oder diese Qualität mit Peter zusammen neu zu entdecken. Allerdings müsste er sich um seinen Anteil bemühen und herausfinden, warum es ihm so schwerfällt, sich emotional zu öffnen. Auch das hat sicherlich einen, uns bisher unbekannten, individuellen Hintergrund.

Die Wiederholung kindlicher Beziehungsmuster finden wir auch im Beruf. Wie viele Chefs ähneln dem Vater, der Mutter oder einem Großelternteil? Dadurch erleben wir uns wieder als Kind, das versucht, es dem anderen recht zu machen oder das in den Protest geht. Dabei hatten wir gehofft, dass dieser Chef endlich einer ist, der uns lobt und bestätigt. Nein, wieder werden wir zurückgewiesen und können es nicht glauben. Doch statt den Chef zu verteufeln, die Stelle zu kündigen oder den Partner zu wechseln, können wir uns auf die Suche nach unseren eigenen Anteilen an dem Problem machen.

15. Zwei verletzte innere Kinder

In der Therapie mit narzisstisch strukturierten Menschen trifft man immer wieder auf Themen, die mit frühen versagenden oder verletzenden Erfahrungen zu tun haben und die sich in der narzisstischen Abwehr, in Selbstwertproblemen und Beziehungsstörungen niederschlagen. Die therapeutische Arbeit an diesen Verletzungen ist oft ein Schritt hin zur Veränderung der narzisstischen Dynamik.

Verletzungen oder traumatische Erfahrungen können ein solches Ausmaß gehabt haben, dass sie nicht verarbeitet wurden, sondern unverbunden in der Persönlichkeit weiter existieren und durch bestimmte äußere Umstände immer wieder ausgelöst werden. Diese Auslöser werden Trigger genannt und ähneln den Bedingungen zur Zeit der Verletzung. Trigger sind Schlüsselreize oder Signalreize, die mit bestimmten Verhaltensweisen, Gefühlen und kognitiven Einstellungen beantwortet werden. So können Geräusche, Stimmen, Gerüche, aber auch Verhaltensweisen eines anderen Menschen alte Erinnerungen und Erfahrungen wecken, als ob diese jetzt noch einmal gemacht würden. Die Person reagiert, fühlt und denkt so, als würde sie sich in der alten Situation befinden. Die Erinnerung tritt plötzlich und mit großer Wucht auf, wobei der Person ihr Zustand oft nicht bewusst ist und sie sich fühlt, als sei sie nicht sie selbst. In der Konsequenz kann sie die gegenwärtige reale Situation nicht mehr von der alten unterscheiden.

Aktuelle Zurückweisungen, die beispielsweise an Situationen aus der Kindheit erinnern, lösen im Erwachsenen dieselben schmerzlichen kindlichen Gefühle aus. Die betroffene Person spürt dann die altbekannte Einsamkeit und die negative Einstellung, nichts wert oder vielleicht sogar überflüssig zu sein. Hat das Kind sich damals geschützt, indem es sich aus dem Kontakt zurückgezogen hat, wird es der Erwachsene heute unbewusst wie selbstverständlich genauso tun. Die Person ist unter normalen Umständen fähig, Probleme zu lösen, ihre Affekte zu kontrollieren, Impulse zu beherrschen und Gefühle auszuhalten. Diese Fähigkeiten gehen ihr in der Auslösesituation ganz oder teilweise verloren, und sie reagiert für sich und die Umwelt unverständlich und unangemessen. Es wirkt, als sei der verletzte Teil nicht weiter gereift und im Alter der Traumatisierung festgefroren. Man nennt diese teilweise sogar vom Bewusstsein abgespaltenen Teile Ego-States oder Ich-Anteile. Sie zu erkennen, zu unterstützen und ihre ehemalige hilfreiche Funktion erfahrbar zu machen, hilft der Integration. Der erwachsene Teil wird auf diese Weise entlastet und kann sich ohne Einschränkung durch den früheren Kind-Anteil alterskonform verhalten.

Ego-States, die sich in der Kindheit bildeten, kann man dem sogenannten »inneren Kind« zuordnen, das alle positiven und negativen Erfahrungen, Gefühle und Erinnerungen aus der Kindheit speichert. Das »freie Kind«, ein Terminus aus der Transaktionsanalyse, ist spontan, fröhlich, neugierig und lebendig. Aufgrund von Verletzungen, Zurückweisungen oder Traumata wurde es verwundet und reagierte mit Angst, Misstrauen, Unsicherheit und negativen Einstellungen, nicht liebenswert und unwichtig zu sein. Daraus entwickelte sich die Sehnsucht nach Anerkennung und Wertschätzung, die beim narzisstischen Erwachsenen zum Verlangen nach stetiger Beachtung und Liebe wird.

Treffen nun zwei Menschen mit einem verletzten inneren Kind aufeinander, die beide dieselbe bedingungslose Liebe des Partners erhoffen oder einfordern, kommt es unweigerlich zu Problemen.

Erinnern wir uns an Sylvia und Justus aus Kapitel 6. Sie erscheint als starke, selbstbewusste Frau, erfolgreich im Beruf, aber verschlossen, was Gefühle betrifft. Er verkörpert einen verlässlichen, versorgenden Mann. Jeder von beiden verspricht sich die Erfüllung des tiefen Wunsches, vom anderen beachtet und angenommen zu werden. Er denkt: »Sie ist eine starke Frau und kann mich unterstützen und verstehen«, sie glaubt, sich an ihn anlehnen und schwach sein zu können. Keiner weiß um die emotionale Bedürftigkeit und den unbewussten Wunsch des anderen, weil keiner ihn zeigen oder mitteilen kann.

Deshalb geraten sie immer wieder in solchen Situationen aneinander, in denen sie sich vom anderen kritisiert und abgelehnt fühlen. Das kann ein Kommentar zu ihrem Äußeren sein, fehlende verbale Bestätigung oder das Gefühl, sie reden aneinander vorbei und können sich nicht verstehen. Natürlich sind das schwierige Momente zwischen Menschen, doch so wie Sylvia und Justus reagieren, ist es mehr als das.

Sie fühlt sich hilflos wie ein kleines Mädchen, verlassen, entwertet, ungeliebt und abgeschoben. Daraufhin reagiert sie unangemessen wütend, schreit Justus an, ist außer sich, nicht zu beruhigen und immer kurz davor, die Beziehung abzubrechen. So verhält sie sich nicht nur bei Justus, sondern bei jedem, von dem sie sich zurückgesetzt fühlt. Ist sie danach allein, weint sie herzzerreißend, versteht aber selbst nicht, was mit ihr los ist.

Justus wiederum verschließt sich, zieht sich zurück, mauert und bricht vorübergehend den Kontakt ab. Dieses Verhalten verunsichert Sylvia noch mehr. Im Grunde möchte sie nur in den Arm genommen werden, aber genau das tut er nicht. Einerseits, weil er sich selbst verlassen fühlt, da sie ihn nicht unterstützt. Andererseits, weil er gar nicht ahnen kann, dass das ihr Bedürfnis ist. Gesagt hat sie es ihm jedenfalls nicht.

Es treffen in diesen Momenten zwei verletzte innere Kinder in der Gestalt zweier Erwachsener aufeinander, die sich nicht das geben können, was sie vom anderen erwarten, die aber auch nicht die Möglichkeit haben, darüber zu kommunizieren. Zum Teil, weil ihnen das Problem nicht bewusst ist, zum Teil, weil sie eine Konfrontation mit ihren frühen Verletzungen vermeiden.

In der Arbeit mit Sylvia wird klar, dass ihre Verwundung viel mit der Beziehung zu ihrer Mutter zu tun hat. Sie hatte immer das Gefühl, wie gegen eine Wand zu laufen, wenn sie von ihr Aufmerksamkeit und Unterstützung brauchte. Im Grunde habe sie nie eine Mutter gehabt, die ihr zuhörte, sich um ihre Belange kümmerte und ihr die Welt erklärte. Auch der Vater konnte diesen Verlust nicht ausgleichen, da er sich ganz aus der Erziehung heraushielt und dabei auch nicht erwünscht war.

Sylvias kindliche Liebe lief ins Leere, wie es so oft bei Narzissten ist, weil ihre Mutter zwar anwesend, aber emotional für sie nicht da war. Sie hatte in ihr kein Gegenüber, das sie bestätigte, beachtete und liebte. Stattdessen lief Sylvia ihrer Mutter und ihrer Liebe immer hinterher. Das tat sie real, wenn sie dem Auto nachlief, in dem die Mutter ohne Abschied wegfuhr, weil sie dem Kind die Trennung erleichtern wollte. Dass sie sie damit zutiefst verletzte und die Erfahrung, nicht wichtig und gewollt zu sein, verstärkte, wusste sie nicht. Weder lernte Sylvia dadurch, sich selbst zu achten, noch dass ihre Liebe etwas Wunderbares ist. Im Gegenteil, ihre Mutter beklagte sich häufig über sie, sie sei zu lebhaft, frage zu viel und sei zu eigensinnig. Ja, eigensinnig wurde Sylvia, denn ihre Art, mit der Zurückweisung umzugehen, war Trotz und Verweigerung. Sie rettete sich in eine kindliche Pseudo-Autonomie, die aus trotziger Eigenständigkeit bestand und dazu diente, sich zu wehren und zu schützen. Ihren Schmerz und ihre Sehnsucht verdrängte sie.

Es klingt, als sei allein die Mutter schuld an Sylvias Misere. Doch so einfach ist es nicht. Denn diese war durch selbst erlittene Entbehrungen beeinträchtigt, sich liebevoll sorgend ihrem Kind zuzuwenden. In der Beziehung zu Sylvia bildete sich ihre eigene, ungelöste Mutterbeziehung ab, was mit der Person von Sylvia nur soviel zu tun hatte, als sie auch ein Mädchen war. Zum anderen kam die Mutter mit dem Tod von Sylvias Bruder nicht zurecht, spürte kaum Unterstützung durch ihren Ehemann und fühlte sich dadurch im Umgang mit der Tochter noch mehr überfordert. Sie machte es so gut, wie sie es konnte, und hinterließ in Sylvias Kinderseele viele ungewollte Verletzungen.

Sylvias heutige aggressive Reaktion auf Justus entspringt ihrem inneren Kind, das sich nicht anders artikulieren kann. Sie wehrt sich wie als kleines Mädchen dagegen, stehen gelassen oder kritisiert zu werden. Bevor sich ihr Schmerz und ihre Sehnsucht Bahn brechen würden, wehrt sie sie mit aggressiven Ausbrüchen ab. Doch im Grunde kämpft sie darum, nicht unterzugehen und endlich gesehen zu werden. Die Heftigkeit ihrer Reaktion zeigt die Dringlichkeit und Existenzbedrohung der Vierjährigen. Die kann Justus jedoch weder verstehen noch ernst nehmen. Denn er selbst fühlt sich wie der kleine Junge, der verbal eine Tracht Prügel bekommt und nicht weiß, was er falsch gemacht hat. Wie oft hat er sich stark und stimmig gefühlt, wenn er mit seinen Kumpels im nahen Wäldchen gespielt hat und die Zeit vergaß. Wenn er aber zu spät zum Essen erschien, gab es ein großes Drama und Prügel, oft wurde er zur Strafe ohne Abendbrot ins Bett geschickt, und dabei hatte er doch nur gespielt. Alles Argumentieren war sinnlos, es stachelte den Zorn der Eltern nur noch mehr an, und so schloss er seinen Schmerz und seine Wut über die Ungerechtigkeit in sich ein und rettete sich durch Rückzug. Noch mehr Prügel brauchte er nicht.

Wenn dieser kleine Junge die Vorherrschaft im Fühlen und Verhalten von Justus übernimmt, kann er Sylvia nicht in den Arm nehmen, sondern bräuchte stattdessen ihr Verständnis, das sie ihm als Vierjährige aber auch nicht geben kann.

Die Tragik ist, dass sie sich darüber nicht verständigen können und die Dynamik nicht verstehen, die zwischen ihnen abläuft. Stattdessen verlangen sie unbewusst voneinander, diesen kindlichen Teil ihres Selbst, der unerfüllt, ungeliebt, ängstlich und schutzlos geblieben ist, zu lieben und zu heilen. Doch am Ende bleibt jeder allein und sie setzen ihre Beziehung aufs Spiel, denn mit der Zeit verlieren sie sich immer mehr.

16. Die Arbeit mit dem inneren Kind

Psychotherapie bietet eine Chance, die Verletzungen des inneren Kindes so weit zu bearbeiten, dass sie nicht mehr so schnell und so häufig getriggert werden und der erwachsene Teil auch in kritischen Situationen die Führung behalten kann.[26] Wir erkennen das innere Kind daran, dass das Verhalten und Fühlen in einer bestimmten Situation nicht dem aktuellen Alter des Erwachsenen entspricht. Wie bei Sylvia, die in Not gerät und sich existenziell abgelehnt fühlt, sobald sie kritisiert wird. Ihre heftige emotionale Reaktion und ihr impulsives Verhalten erinnern an ein Kind. In der Therapie kann man sie nun fragen, wie alt sie sich fühlt. In der Regel können Menschen das sehr gut einschätzen. Durch das benannte Alter hat man einen Anhaltspunkt für die Ereignisse, die dem Kind widerfahren sind.

Der Zugang zum inneren Kind erfolgt über den Kontakt des Erwachsenen zu dem kleinen Kind, das er einmal war. Manchmal besteht Widerstand, sich dem verletzten Teil zu nähern, da er verachtet wird und man ihn nicht wahrnehmen will. Im Grunde lehnt der Erwachsene sein inneres Kind genauso ab, wie er es früher erlebt hat. Es wird mit Füßen getreten, beschimpft, als abstoßend und widerwärtig bezeichnet oder »nur« ignoriert. Über Fotos und Erzählungen kann eine Annäherung und allmähliche Hinwendung ebenso geschehen wie über die Vorstellung, das Kind sei im Therapiezimmer oder man sähe es auf einer imaginären Leinwand. Hilfreich kann auch sein, sich ein bekanntes Kind vorzustellen (das kann das eigene Kind sein, eine Nichte oder ein Neffe, ein Patenkind etc.) und sich zu überlegen, wie man sich diesem gegenüber verhält.

Ist die emotionale Reaktion zu Beginn der Arbeit mit dem inneren Kind sehr heftig, bewährt sich die Vorstellung des sicheren Ortes, an den man das Kind schickt, damit es dort geschützt und aufgehoben ist. Dieser Ort kann ein vorgestellter Raum oder ein imaginärer Platz in der Natur sein, in dem eine oder mehrere ideale Personen das Kind rund um die Uhr betreuen und ihm das geben, was es in der damaligen Situation gebraucht hätte, aber nicht bekam. Die Vorstellung, das Kind in gute Hände abzugeben, es behütet zu wissen, z. B. in den Armen eines idealen Elternpaares, umsorgt von Tieren, Engeln oder Feen, entlastet sehr. Wenn der Ort passt, dann lächeln die Betroffenen meist und fühlen sich erleichtert und beruhigt. Der Druck nimmt ab, weil das Kind endlich beschützt und am richtigen Ort ist. Von dort aus ist es dem erwachsenen Teil möglich, sich um das Kind zu kümmern, es zu sich zu nehmen, im Arm zu halten oder es an der Hand mit sich zu führen.

Das Ziel der Arbeit ist, das Kind zu nähren, seine Not zu verstehen, seine Bedürfnisse ernst zu nehmen und »die erwachsene Person von heute in ihrer Funktionsfähigkeit zu stärken«[27]. Je mehr das innere Kind angenommen werden kann, umso mehr kann man sich auch so annehmen, wie man heute ist. Und je mehr das innere Kind gestärkt wird, umso stärker wird man selbst. Die Bindung, die zu dem Kind entsteht, heilt das Selbstwertdefizit. Wenn wir unser inneres Kind achten, ernst und wichtig nehmen und am Ende sogar lieben, bauen wir die Basis für ein positives Selbstbild und ein intaktes Selbstwertgefühl auf.

»Sie (die Arbeit mit dem inneren Kind) kann nicht die damalige Ablehnung wiedergutmachen, aber sie kann die Selbstakzeptanz erhöhen.«[28]

In der Regel sind es mehrere Kind-Anteile, die in verschiedenen Altersstufen Verletzungen erlebt haben. So kann es beispielsweise einen Säugling geben, der durch die Krankheit der Mutter von ihr getrennt wurde und früh die Erfahrung machte, vom wichtigsten Menschen alleingelassen zu werden.

Je nachdem, ob andere Bezugspersonen da sind und die Fürsorge übernehmen, wird das Kind den Verlust besser oder schlechter kompensieren können. Es kann ein Kleinkind von vier Jahren geben, dessen Stolz über seine Bilder immer wieder zunichte gemacht wird, weil der Vater, dem sie gefallen sollten, gar nicht hinschaut. Es kann das Schulkind geben, das von den Mitschülern verspottet und ausgelacht wird, oder die Pubertierende, die beim Frauwerden beschämt wird.

All diese Ich-Anteile bleiben unterschwellig aktiv, sofern die Verletzung nicht verheilt ist. Die mit ihnen verbundenen Gefühle von Angst, Schmerz, Wut und Einsamkeit werden so weit wie möglich verdrängt, zeigen sich aber in der aktuellen Auslösesituation.

Die innere Kind-Arbeit mit Justus führte ihn zu dem kleinen Siebenjährigen, der voller Energie und Tatendrang die Welt erobern wollte. Er erinnert den Tag, an dem es ihm gelungen war, einen hohen Baum hochzuklettern. Die Erregung und Freude stand ihm in roten Backen ins Gesicht geschrieben und er fühlte sich groß, stark und unschlagbar. Dass er darüber vergaß, pünktlich heimzukehren, kann er nur zu gut verstehen. Doch wird er nie vergessen, dass dieses gute Gefühl wie ein Kartenhaus in sich zusammenbrach, als er seinen zornigen Vater sah, der ausholte und ihm eine schallende Ohrfeige verpasste.

Justus wirkt plötzlich ganz versteinert.

Was passiert gerade in Ihnen?
Ich bin wie gelähmt, weil ich die Welt nicht mehr verstehe.
Was für Gefühle sind damit verbunden?
Ich bin so wütend und traurig zugleich.
Ihm kommen die Tränen und seine Hände ballen sich zu Fäusten. Er kann aber nichts tun, er ist ohnmächtig und will sich nur verkriechen.
Was hätte der Junge gebraucht?
Dass mein Vater stolz auf mich ist, weil ich so stark bin, und dass er sich mit mir freut.

Justus weint, weil er diesen Vater nie hatte und sich immer so sehr danach sehnte.

Noch heute versuche ich, ihm zu imponieren, aber er hat immer etwas auszusetzen. Ich genüge nie.

Können Sie sich einen idealen Vater für den kleinen Justus vorstellen, der genau das macht, was er braucht?

Justus lacht etwas, wie ertappt, aber auch freudig

Ja, das ist ein großer starker Kerl, der sich runterbeugt und mit der Faust an die Brust des Kleinen bufft und mit dem Auge zwinkert. So wie zwei Verschwörer, die sich darüber einig sind, was für ein toller Knabe Justus ist!

Das Bild tut ihm gut, er schmunzelt. Dazu gehört der Satz: Ich bin stark und lebendig. Er spürt ihn in der Brust, kann freier atmen und sich aufrichten. Er will bis zur nächsten Stunde diesen Satz und dieses Bild in den Alltag mitnehmen.

17. Das Kind als Schmuckstück

Nach den bisherigen Ausführungen könnte man meinen, die narzisstische Dynamik entstehe dadurch, dass Kinder und Heranwachsende hauptsächlich Ablehnung erfahren. Doch das stimmt nur teilweise, denn sie sind zugleich auch besondere Kinder oder werden zu diesen gemacht.

»Ich war das Schmuckstück meiner Eltern. Sie führten mich ihren Freunden und Verwandten vor wie einen Gaul. Da ich gut Flöte spielen konnte, musste ich ständig vorspielen, obwohl ich das hasste. Ich schämte mich so, denn man erwartete von mir, dass ich keinen Fehler machte. Das ging unter diesem Druck natürlich meist schief, und dann konnte ich die Enttäuschung in den Augen meiner Mutter kaum ertragen. Ich fühlte mich erbärmlich, nicht fähig, den anderen in die Augen zu schauen, da ich ja ein Versager war. Ich weigerte mich immer öfter vorzuspielen, was meine Eltern als Undankbarkeit und Eigensinn abtaten. Statt meine Not zu sehen, sahen sie nur sich und ihren elterlichen Stolz. Ich musste der Welt zeigen, was für tolle Eltern sie waren, indem ich fehlerlos wurde. Ich habe bis heute keine Flöte mehr angefasst.«

In diesem Zitat wird deutlich, wie die sogenannte narzisstische Ausbeutung funktioniert. Nicht das Bedürfnis und die Person des Kindes sind von primärer Bedeutung, sondern der Wunsch der Eltern nach Anerkennung, Bestätigung und Applaus. Wie kann das besser erfüllt werden als über die Begabung des Kindes, die sich die Eltern zu eigen machen, um ihr eigenes narzisstisches Defizit auszugleichen und ihren Selbstwert zu erhöhen. Das Kind erfüllt diese Aufgabe, obwohl das eine große Last ist, die es überfordert und zu Minderwertigkeitsgefühlen führt. Zugleich nimmt das Kind aber auch eine besondere Position in der Familie ein, die wichtig macht und mit Größenvorstellungen verbunden ist. So entsteht ein innerer Zwiespalt zwischen Nichtigkeit und Besonderssein, zwischen Depression und Grandiosität, unter dem Narzissten ihr Leben lang leiden.

Die Idealisierung führt zum *Drama des begabten Kindes*, wie ein Buch von Alice Miller aus dem Jahr 1979 betitelt ist. Es beschreibt das frühe Schicksal narzisstischer Erwachsener, die als Kinder zwar überhöht, aber als die Person, die sie waren, nie gesehen und gespiegelt wurden. Verwöhnte Kinder sind auch verlassene Kinder, weil niemand da ist, der sie sieht und auf sie eingeht, wie sie wirklich sind. Sie passen sich an und werden so, wie man sie haben will, auch wenn sie sich dafür verleugnen müssen.

Der Film *Krupp – eine deutsche Familie* ist ein Lehrstück in Sachen Narzissmus und Schmuckstück-Kind, denn er zeigt die Entwicklungsdynamik auf eindrucksvolle Weise. Alfried, der Erstgeborene, wird von klein auf in die Rolle des Krupp-Erben »hineinerzogen«, egal, ob sie ihm passt oder nicht. Das Kind wird in etwas hineingedrängt, was andere sich ausdenken. Nur der Erstgeborene erbt die Firma samt Vermögen und Verantwortung. Die Geschwister sind Statisten, die in ihrer Bedeutung unter dem Erben stehen, dafür aber mehr Freiheiten haben, sich zu entwickeln. Die Beziehungen in der Familie sind im Wesentlichen funktionalisiert und eingeschränkt auf Gehorsam, Leistung und Anpassung. Es gibt kaum liebevolle Zuwendung und Interesse für die Kinder als Person. Alle sollen nur ihre Rolle und Pflicht erfüllen, die Eltern ebenso wie die Kinder. Der Verlust an Menschlichkeit zugunsten der grandiosen Idee, des Mythos, ist in jedem Dialog spürbar.

Schon seine Großmutter machte ihm unmissverständlich klar, nicht mit anderen Jungen zu spielen, sondern sich nur mit seinesgleichen abzugeben. Und das war die Familie. Hier regiert die narzisstische Überhöhung, die alles unter sich begräbt: Wir sind besser, wir sind die Besten! »Spiel nicht mit den Schmuddelkindern.«

Alfried, ein Junge, dem seine Sensibilität, Ungeschicklichkeit und sein Wunsch nach »normalen« Beziehungen mit aller Strenge, Härte und Überredungskunst ausgetrieben wird, wächst allmählich hinein in eine Aufgabe, die ihn hart werden lässt. Erdrückt von den elterlichen Erwartungen opfert er die Liebe zu seiner Frau zugunsten des Ziels, jemand zu werden, der er im Grunde nicht ist, sondern zu dem er gemacht wurde und sich macht. Eine Kunstfigur sozusagen, mit der er sich dann identifiziert. Seine Gefühle, Wünsche, Bedürfnisse und Vorstellungen von Leben müssen sich diesem Anpassungsprozess unterordnen. Das bedeutet, er muss sich unterordnen, bis er nicht mehr er selbst ist. Am Ende bleiben Pflichtbewusstsein, Erfolg, Härte, Leere und Einsamkeit. Aber auch die Überheblichkeit, die ihm seine grandiose Rolle zuschreibt. Doch die Identifizierung mit der Grandiosität ist trügerisch, denn hinter ihr lauert immer der Einbruch in die Minderwertigkeit und Depression.

18. Die Eisprinzessin und der »emotionale Analphabet«

Narzissten werden von anderen oft als eingefroren oder als »emotionale Analphabeten« beschrieben, wobei Gefühllosigkeit zumeist den Männern unterstellt wird. Sie ziehen sich zurück, wenn die Partnerin über Gefühle spricht, sind unfähig, sich in ihr Gegenüber hineinzuversetzen und einfühlsam mitzuschwingen. Stattdessen reagieren sie mit Unverständnis oder gar Ablehnung, wechseln das Thema oder sogar den Raum.

Doch wir finden einen verminderten Zugang zu Gefühlen auch bei Frauen, den sogenannten Eisprinzessinnen. Sie wirken anziehend und verführerisch, sind aber emotional unnahbar. Je näher man ihrem Herzen kommt, umso kälter wird es. An diesem Punkt ähneln sie den »emotionalen Analphabeten«, die scheinbar nicht wissen, was Gefühle sind, geschweige denn, dass sie sie spüren können. Mangelnde Empathie als ein Kriterium der narzisstischen Persönlichkeit ist ihr Markenzeichen. Das ist für eine liebevolle, unterstützende Beziehung die denkbar schlechteste Voraussetzung.

Nach dem Muster der Komplementarität (siehe Kapitel 4) wird ein »emotionaler Analphabet« eine gefühlvolle Frau suchen, und die Eisprinzessin wird einen warmherzigen Mann favorisieren. Das, was sie selbst nicht besitzen, hat der Partner vielleicht sogar im Überfluss. Das kann zweierlei bewirken: Entweder erwärmen sie sich an ihrem Gegenüber und lösen damit ihre innere Versteinerung zugunsten von Beziehungs- und Liebesfähigkeit. Oder sie halten die Emotionalität nicht lange aus, verschließen sich bzw. laufen weg. Der erste Fall kann eintreten, wenn der gewählte Partner oder die Partnerin nur wenig narzisstische Anteile hat und eine tragfähige Beziehung anbieten kann, in der Gefühle ebenso Platz haben wie Rationalität. Diese positive Beziehungsqualität zeichnet sich aus durch Beständigkeit, Aushalten von Frustration statt Beziehungsabbruch und das Aufeinander-Eingehen.

Doch wie lange hält der Partner einen Narzissten aus, von dem er emotional nichts zurückbekommt? Es ist nun mal auf Dauer unbefriedigend, mehr in eine Beziehung zu investieren, als man herausbekommt. Da bedarf es schon einer großen Ausdauer, Geduld, sowie Liebes- und Leidensfähigkeit, wenn die Beziehung einen glücklichen Ausgang nehmen soll. Auch gehört ein gesunder Narzissmus dazu, der die Voraussetzung dafür bietet, die Andersartigkeit des anderen nicht mit Angst und Abwehr zu beantworten, sondern sie zu akzeptieren oder sogar als Bereicherung zu schätzen.

In einer Studie von Schneewind aus dem Jahr 2003 nannten 32 Prozent der 663 untersuchten Paare auf die Frage: »Was hält Ihre Ehe zusammen?«: Toleranz und Akzeptanz, den andern so zu nehmen, wie er ist.

Das klingt einfacher, als es ist, vor allem für narzisstische Menschen, die ja genau das Gegenteil anstreben. Sie wollen den anderen so haben, wie sie ihn für die Stabilisierung ihres eigenen Selbstwertgefühls brauchen. Mit ihrem »expanded self« (siehe Kapitel 10 und 11) untergraben sie die Andersartigkeit regelrecht, und mit der Tendenz zur Konfluenz, dem Verschmelzen, machen sie aus zwei Einheiten eine. Andersartigkeit zuzulassen hieße, dem anderen seine Eigenständigkeit und Autonomie zuzugestehen. Das gelingt nur dem, der keine Angst, sondern Vertrauen in seinen Partner/ seine Partnerin hat.

Bis sie an diesen Punkt kommen, haben Narzissten einen weiten Weg, so wie Julia.

In die Therapie kam sie, weil sie unzufrieden war mit ihrem Leben, mit ihren Beziehungen, sich nirgends einlassen konnte und keine Perspektive hatte. Sie war fast vierzig und wie sollte es weitergehen?

Im Kontakt mit Julia wird schnell deutlich, wie sehr sie über ihre Gefühle hinweggeht, versucht, alles rational zu lösen und den Kontakt zu sich verloren hat. Über Verletzungen als Kind oder durch die Ex-Partner spricht sie wie über eine Wettermeldung, ohne Gefühl und Regung. Es fällt ihr nicht einmal auf, dass sie nichts dabei fühlt. Das habe sie in ihrer Familie gelernt, da gab es keine Gefühle, keine körperlichen Berührungen, keine Zärtlichkeit. Jeder musste funktionieren und durfte keine Schwächen zeigen. Kam es doch vor, dann hieß es: »Stell dich nicht so an. Reiß dich zusammen«, eine Botschaft, die Julia so verinnerlicht hat, dass sie zu einer allgegenwärtigen Verhaltensregel für sie wurde. Was sie von sich verlangt, nämlich stark zu sein und keine Schwächen zu zeigen, gilt selbstverständlich auch für die anderen, für Freunde, Partner und Therapeuten. Durch diese Einstellung wirkt sie schroff, ungeduldig und unerbittlich, obwohl sie eine freundliche Frau ist, die meist lächelt und sich offen und verbindlich gibt. Das ist bei ihr eine gut einstudierte Fassade, hinter der sich eine andere Julia verbirgt, eine, die sich verunsichert fühlt, keine gute Meinung von sich hat und vor allem nicht glaubt, liebenswert und anziehend für einen Mann zu sein. Diesen Makel kompensiert sie mit Kontrolle, Perfektionismus und einem attraktiven Äußeren.

Das Problem bei ihr ist, wie bei den meisten narzisstischen Menschen, dass sie versucht, eine Therapie zu »machen«, statt sie zu erleben. Sie sucht nach Anweisungen, die sie dann letztlich doch nicht befolgt, bittet um Ratschläge, die ihr nicht weiterhelfen, und vermeidet auf diese Weise ein emotionales Einlassen. Therapie wird, wie alles in ihrem Leben, zu einer Leistung und einer Aufgabe, die gelöst werden muss und wenn's geht auch noch schnell. Die Lösung liegt primär im Kopf, im Verstehen, nicht im Fühlen und Erfahren.

Die emotionalen Bremsen, wie Julia sie nennt, sind Ängste und das Verbot, unkontrolliert zu sein und zu fühlen. Neben den kognitiven hemmenden Botschaften haben diese

Bremsen auch eine körperliche Korrespondenz. Bei ihr sind es ein eiserner Ring um den Hals und eine Eisenplatte über dem Herzen. Dazwischen spürt sie viele Gefühle wie Liebe, Schmerz und Unsicherheit. Durch den Eisenring und die Eisenplatte wird den Gefühlen jedoch nur ein kleiner Raum zugestanden, sie sind im Grunde eingesperrt und können sich nicht ausdrücken.

Andere Bilder für emotionale Blockaden sind die eines gefrorenen Herzens oder eines eingefrorenen Körpers, einer Mauer um das Herz oder Metallplatten, die den Körper in der Mitte in eine obere und eine untere Hälfte zerschneiden. Das Genick steckt wie in einem Schraubstock oder in einer eisernen Hand, die Füße werden nicht zum Körper gehörend empfunden oder sind abgebunden. Blockaden kann es in allen Körperregionen geben, und sie werden oft gar nicht oder nur als Schmerzen wahrgenommen. Schmerzende Körperteile lehnen wir ab und wollen sie am liebsten loswerden, erkennen dann aber leider nicht ihre Botschaft und ihre Anpassungsfunktion. In der Therapie ist es möglich, die Aufmerksamkeit dem Körper zuzuwenden und mit dem Atem zu begleiten.

Mithilfe folgender Fragen und Anweisungen haben wir uns Julias Blockierungen genähert:

Bitte schließen Sie die Augen und spüren Sie in Ihren Hals. Wie fühlt sich der Schmerz an? Atmen Sie in die Enge, die sich bildet, wenn der Hals zugeht. Welches Bild haben Sie dazu? Bleiben Sie dabei und atmen Sie. Was passiert?

Manchmal wird der Druck leichter, manchmal wird die Blockade aber auch stärker.

Nun versuchen Sie, sie noch stärker zu machen, was müssen Sie dazu tun? Gelingt es überhaupt?

Julia wird bei dieser Arbeit deutlich, dass sie vieles nicht gesagt hat, was ihr im Hals stecken geblieben ist.

Zwei Sätze kommen ihr spontan in den Sinn: »Du hast mich verletzt« und »Ich bin verunsichert, was Liebe angeht«.

An wen richten sich diese Sätze?

An meinen langjährigen Freund, den ich heiraten wollte, von dem ich mich aber dann doch trennte.

Warum?

Ich weiß es eigentlich nicht. Wir haben nie darüber gesprochen, es war plötzlich klar, dass es aus ist, und das war's.

Sie spürt kurz den Schmerz, der mit dieser Erinnerung verbunden ist, will ihn aber nicht aushalten. Statt ihre Verletzung und die damit verbundenen Gefühle auszudrücken und ihre Unsicherheit, was Liebe heißt, zuzulassen, macht sie wieder zu, schüttelt sich wie ein Hund nach dem Bad, lächelt und sagt: »Ja das war halt so.« Und wieder muss die Muskulatur des Halses alle Emotionen unterdrücken, sich stark und fest machen, damit nichts an die Oberfläche dringt.

Es könnten nämlich auch die Verletzungen aus der Familie hochkommen, der Schmerz, sich nicht geliebt und verstanden gefühlt zu haben, und die Enttäuschungen, dass ihre Liebe nicht beantwortet wurde. Die Sätze an ihren Freund gelten ebenso den Eltern.

Denn es sind die grundlegenden Sätze, die ihr Beziehungsverhalten bestimmen und ihre Emotionen einfrieren: die Verletzung durch das emotional Alleingelassenwordensein, wenn sie jemanden brauchte, und das Fehlen von gegenseitiger Liebe.

Gefühle entstehen über den Körper[29] und die Wahrnehmung der körperlichen Veränderung. Angst beispielsweise geht einher mit einer Reduzierung der Atmung, Anspannung der Muskulatur, einem beschleunigten Herzschlag, der Ausschüttung bestimmter Hormone und der Veränderung der Gesichtsfarbe. In bestimmten Gehirnarealen werden diese Signale verarbeitet und als Gefühl wahrgenommen.

Die Gefühlswahrnehmung sowie das Mitfühlen für andere ist physiologisch begründet, braucht aber den sozialen Kontext, um gelernt zu werden. Werden Gefühle von Kindern nicht beantwortet, dann fehlt ihnen der Spiegel, wie man mit ihnen umgeht. Darf nicht geweint werden, wenn etwas traurig ist, gilt Freude als Übermut und muss kontrolliert werden und ist Angst nur etwas für Memmen, aber nicht für Jungs, dann lernen die Kinder, dass diese Gefühle nicht angemessen und richtig sind. Um selbst angemessen und richtig zu sein, drängen sie sie weg. Körperliche Verspannungen helfen dabei ebenso wie kognitive Einstellungen: Das schaff ich schon; Was mich nicht umwirft, macht mich stark; Fühlen macht schwach etc.

Es wird den Kindern und späteren Erwachsenen zur Gewohnheit, den Kontakt zu ihren Gefühlen zu unterbrechen, denn sie wissen nicht, wie sie mit ihnen umgehen sollen, sollten sie sie spüren.

Die größere Gefühlsabwehr bei Männern erklärt Schwanitz mit der Theorie, wonach das Mannsein durch die Überwindung von Angst, Schmerz und inneren Regungen gelernt wird. Analog zu den alten Initiationsriten wird ein Mann zum Mann, wenn er alles Kindliche und Weibliche abgetötet und Mut und Tapferkeit bewiesen hat. Diese Überlegenheit bezahlt er mit der immerwährenden Angst, dem »Druck der heroischen Anforderungen«[30] nicht gewachsen zu sein und seine Identität als Mann wieder zu verlieren. Dagegen hilft am besten, Gefühle, Gemütsbewegungen und die Wahrnehmung der Innenwelt zu ignorieren und sich auf die Außenwelt, das Objektive und Eindeutige zu konzentrieren. Der Mann baut einen Damm gegen seine Gefühle auf und verliert damit im Lauf der Zeit das emotionale Wissen, das ihm einmal zur Verfügung stand. Als hätte er das Schreiben verlernt und sei zum Analphabeten mutiert.

»Um es auf eine Formel zu bringen: Für den Mann ist sein Inneres eine gefährliche Zone. Er betritt sie nur ungern. Für ihn stellt sie ein Minenfeld dar … Also empfindet er Widerwillen gegen jeden, der ihn dazu nötigt, diese Zone zu betreten.«[31] Und dieser jemand ist in der Regel die Partnerin!

Viele Untersuchungen bestätigen[32], dass Frauen stärker emotional reagieren als Männer. Sie sind ängstlicher, ekeln sich häufiger, erleben Traurigkeit und Schmerz intensiver und erinnern emotionale Ereignisse besser als Männer. Zudem haben sie eine ausgeprägtere emotionale Mimik und können leichter über ihr emotionales Erleben sprechen.

Dass Emotionen und Gefühle eine neurophysiologische Basis haben, ist unbestritten. Es gibt bisher jedoch keine einheitliche Theorie, wie Emotionen im Gehirn verarbeitet werden und wie und ob die unterschiedliche Emotionalität von Mann und Frau physiologisch erklärbar wäre. Beispielsweise geht George Davis Snell, Medizin-Nobelpreisträger von 1980, davon aus, dass Frauen deshalb besser über Gefühle sprechen können, weil ihr Gefühlszentrum mit dem Sprachzentrum verschaltet ist, was bei Männern nicht der Fall sei. Louann Brizendine, eine amerikanische Neuropsychologin, behauptet, Frauen hätten einen »achtspurigen Highway«, um ihre Gefühle auszudrücken, Männer nur eine Landstrasse. Sie führt das auf die weiblichen Hormone zurück. »Bei der Geburt besitzt das weibliche Gehirn durchschnittlich elf Prozent mehr jener Gehirnmasse, die der Kommunikation und Verarbeitung von Emotionen und Erinnerungen dient, als die männliche.«[33] Sie nimmt an, dass durch das Testosteron bei männlichen Embryos Zellen des Kommunikationszentrums im Gehirn zerstört werden.

Andere Ansätze beziehen sich auf die unterschiedlichen Rollen von Mann und Frau im Verlauf unserer Evolution. Die Anforderungen an emotionalen Austausch waren für die Frauen, die Kinder aufzogen und in kleinen Gruppen lebten, höher als für Männer, die auf die Jagd gingen und mit lösungsorientierten Aufgaben zurechtkommen mussten. Für sie war es wichtig, zielen und treffen zu können, um erfolgreich zu sein, die Frauen mussten die emotionalen Äußerungen der Kinder verstehen, um das Überleben zu sichern.

Übereinstimmung herrscht in der psychotherapeutischen Forschung darüber, dass neben den biologischen Voraussetzungen das soziale Lernen ein wesentlicher Faktor für den emotionalen Umgang ist. Das Kind hat von Anbeginn Emotionen, es wird jedoch sein Selbstbild und seine Gefühlspalette danach ausbilden, wie in seinem Umfeld auf diese Emotionen reagiert wird. Und gerade hier sahen wir, dass bei später narzisstischen Menschen ein großes Defizit besteht. Statt emotional positiv in ihren Gefühlen beantwortet zu werden, erleben sie eine Zurückweisung, die sie oft ein Leben lang selbst aufrechterhalten.

19. Bindung und Kompetenz

»Damit sich ein Gefühl der Identität entwickeln kann, bedarf es eines Gegenübers, das durch Liebe und Anerkennung das Selbstgefühl bestätigt oder überhaupt erst konstituiert.«[34]

Säuglinge und kleine Kinder gehen offen und interessiert auf die Umwelt zu und sind existenziell darauf angewiesen, gespiegelt und beantwortet zu werden, um ein Selbst und Selbstbewusstsein auszubilden. Selbstvertrauen entsteht über Anerkennung und Akzeptanz. Zuneigung und Interesse für andere entwickelt sich durch das Interesse und die liebevollen Reaktionen auf sich selbst.

Aus der Bindungstheorie wissen wir, dass narzisstische Verletzungen vor allem durch eine unsichere Bindung mit den Bezugspersonen entstehen. Das in der Kindheit erlebte Defizit elterlicher Unterstützung und Empathie führt bei später narzisstischen Persönlichkeiten zu unangemessenen Strategien der emotionalen Regulierung und Beeinträchtigungen des Selbstkonzepts.[35] Das Defizit entsteht im Wesentlichen durch Nichtbeachtung der kindlichen Person, sei es durch Überhöhung und Überforderung oder durch Entwertung und Vernachlässigung. Das Kind bekommt dadurch das Gefühl, allein gelassen zu sein, weil niemand da ist, der es unterstützt und beschützt und angemessen auf es reagiert. Im Erwachsenenalter kommt es dann in Verlassenheitssituationen zu Wutausbrüchen, die zweierlei ausdrücken: den Zorn über die Zurückweisung und den Ruf »Bitte komm, ich brauche dich«. Die Verletztheit und Sehnsucht nach Gesehen- und Verstandenwerden werden hinter der Aggression verborgen oder hinter der Haltung, niemanden zu brauchen und die Bedeutung von Bindungen zu verleugnen.

Eine sichere Bindung dagegen, bei der das Kind sich auf die Bezugspersonen verlassen kann, führt dazu, dass der Erwachsene sich auch bei Zurückweisung und Trennungen situationsangemessen verhalten kann. Da er nicht in Kontakt mit einem verletzten, hilflosen oder panischen Teil von sich kommt, kann er seine erwachsenen Funktionen leben. Bei Trennung bedeutet das, Abschied zu nehmen und zu trauern, bei Zurückweisung ist es das Aushalten von Frustration, aber auch die direkte Auseinandersetzung mit dem Gegenüber.

Die Qualität der frühen Bindungsbeziehungen und die darin erlebte Sicherheit oder Unsicherheit prägen das Muster, nach dem spätere Lebens- und Liebesbeziehungen gestaltet werden. Es bildet sich ein inneres Arbeitsmodell für Beziehungen. »Dieses Arbeitsmodell ist die inner-seelische Repräsentanz der realen frühen Bindungserfahrungen.«[36]

Je dysfunktionaler dieses Arbeitsmodell, umso dysfunktionaler sind die späteren Beziehungen und Selbstkonzepte. Denn durch frühe zwischenmenschliche Interaktionsmuster werden wir zu der Persönlichkeit, die wir heute sind.

Dabei wirken drei Mechanismen: Introjektion, Internalisierung und Identifikation.

- Introjektion bedeutet: Wie du mir damals, so ich mir heute. Das heißt, so wie die Eltern mich früher gesehen und behandelt haben, so sehe und behandle ich mich heute. Wurde ich geachtet, achte ich mich. Wurde ich nicht gesehen, wie ich war, sehe ich mich nicht, wie ich bin.
- Internalisierung bedeutet: Du bist immer noch überall präsent. Durch die Internalisierung des elterlichen Verhaltens verhalte ich mich in meinen aktuellen Beziehungen so, als ob die Eltern immer noch anwesend wären. Sie schauen zwar nicht mehr von außen zu, wirken aber von innen. Alle elterlichen Ver- und Gebote, wie ich zu sein oder nicht zu sein habe, sage ich mir heute selbst. Ich verhalte mich immer noch wie als Kind.

- Identifikation bedeutet: Wie du damals mir, so ich heute den anderen. Durch die Identifikation mit den elterlichen Einstellungen und Verhaltensweisen verhalte ich mich anderen gegenüber so, wie ich von meinen Bezugspersonen behandelt worden bin. Wurde ich geachtet, achte ich die anderen. Wurde ich nicht gesehen und wurde nicht mitfühlend auf mich reagiert, sehe ich die anderen nicht und entwickle kein Mitgefühl für sie.

Diese drei Modalitäten bewirken, dass dysfunktionale Beziehungsmuster immer wieder wiederholt werden, auch wenn die Menschen selbst darunter leiden. Mit ihrer Bindungsbeeinträchtigung gehen sie in ihre Beziehungen hinein, verbunden mit großen Sehnsüchten und Ansprüchen an den Partner/die Partnerin, diese auszugleichen. Oder es resultiert aus ihr eine grundsätzliche Ablehnung von Beziehungen.

Oft ist den Menschen ihr spezifisches Arbeitsmodell gar nicht bewusst und sie erkennen ihren Anteil am Scheitern der Interaktion mit der Partnerin/dem Partner nicht, sondern bleiben stecken im Klagen über den anderen. Dann ist die Frau das eigentliche Problem in ihrer Beziehung oder der Mann ist schuld, wenn es zum Konflikt kommt.

Eine Lösung findet das Paar nur, wenn jeder bereit ist, seinen Anteil bei sich zu sehen und seine Muster aufzudecken. Narzissten neigen dazu, das mit Schuld oder mit Kleinbeigeben gleichzusetzen, womit es aber nichts zu tun hat. Im Gegenteil bedeutet es, Verantwortung zu übernehmen sowohl für das eigene Verhalten als auch für die Folgen, die das Verhalten für andere hat. Denn dysfunktionale Beziehungsmuster führen zu gegenseitigen Verletzungen, wie wir es in den bisherigen Beispielen schon gesehen haben.

Funktionale Arbeitsmodelle für Beziehungen beruhen dagegen auf Selbstakzeptanz, Selbstliebe, Selbstschutz und Selbstförderung und führen sowohl zu einem gesunden Narzissmus als auch zu reifen, stabilen und befriedigenden Beziehungen.

Zu einem gesunden Selbstwertgefühl gehören aber nicht nur Selbstachtung und -annahme, sondern auch Kompetenzerfahrungen.[37] Wenn das Kind erfährt, dass es etwas kann, stärkt das seine Selbstwirksamkeit und das Gefühl, in Ordnung zu sein. Es entwickelt Vertrauen in seine Fähigkeiten und gewinnt die Überzeugung, dass Dinge, die es anpackt, zum Erfolg werden können. Wird es jedoch überfordert, weil es etwas können muss, das es noch nicht wissen kann, oder wird es unterfordert, entsteht das Gefühl, inkompetent zu sein, unabhängig davon, ob das Kind intelligent ist und etwas kann oder nicht. Die Erfahrung, lernen zu dürfen und dabei unterstützt zu werden, fördert die Selbstsicherheit und Kompetenz.

Perfektionismus, den viele Narzissten zeigen, kann eine Folge von ungenügenden frühen Kompetenzerfahrungen sein. »Ich muss perfekt sein« fordern Menschen von sich, die Angst haben, zu versagen. Jeder Fehler beweist ihre Inkompetenz und verstärkt ihre Unsicherheit. Durch perfektes Verhalten kompensieren sie ihre Versagensangst und ihr Inkompetenzgefühl. Dass die Forderung nach Perfektion einem Versagen Vorschub leistet, weil kein Mensch perfekt sein kann, ist ihnen nicht bewusst. Auf diese Weise verlangen sie wieder etwas von sich, das gar nicht erfüllbar ist, und untergraben ihr Kompetenzgefühl mit denselben Mitteln, mit denen es gestärkt werden soll.

»Es entsteht zwangsläufig eine Spirale von Versagen und immer höheren Ansprüchen an die eigene Leistung, eine realistische Zielsetzung ist nicht mehr möglich. Tatsächliche Anerkennung wird nicht wahrgenommen, da die Wertschätzung für die eigene Person fehlt. Auf diese Weise wiederholt sich innerlich die frühe Ablehnung und Entwertung durch die primären Bezugspersonen.«[38]

Die anschließenden Schlussfolgerungen können Ihnen helfen, einen anderen Blick auf die Schwierigkeiten zu bekommen, die Sie in Ihren Beziehungen haben.

- *Wie reinszenieren Sie Ihre alten Versagungen?*

Das passiert dadurch, dass Sie Ihre Gefühle, Erwartungen und Befürchtungen auf Ihr Gegenüber projizieren und davon ausgehen, dass er/sie sich genauso verhält wie früher Ihre Bezugspersonen. Und schon haben Sie psychologisch gesehen nicht den Chef, den Partner oder die Partnerin vor sich, sondern Ihren Vater oder Ihre Mutter, wie Sie sie früher erlebten. Und Sie verhalten und fühlen sich so, wie ehemals bei ihnen.

- *Woher kommen die Versagungen?*

Wenn Sie erkennen, dass die Versagungen aus früheren Beziehungen stammen, können Sie sie bearbeiten und müssen sie nicht weiter auf Ihr Gegenüber projizieren. Das heißt, Sie geben dem anderen die Chance, anders zu sein als Ihre Eltern, frühere Bezugspersonen oder verflossene Partner/Partnerinnen. Und Sie lassen sich überraschen, wie Ihr Gegenüber wirklich ist.

- *Welche Schlüsse haben Sie aus den negativen Beziehungserfahrungen gezogen?*

Aufgrund seelischer Verlassenheiten und Verletzungen entschließen Sie sich beispielsweise, sich nie mehr auf andere einzulassen. Das schaffen Sie dadurch, dass Sie sich Partner suchen, die emotional nicht erreichbar sind und Sie auf Distanz halten. Dass Sie dabei unglücklich werden, werfen Sie ihnen dann vor. Und Sie nehmen es zum Anlass, sich noch mehr zurückzuziehen, denn auf andere ist kein Verlass. Welch geschickter, aber verhängnisvoller Teufelskreis.

- *Was hindert Sie, Ihr altes Muster zu überwinden?*

Meist ist es die Angst vor Nähe, weshalb Sie sich nicht einlassen. Denn Nähe macht verletzlich und das wollen Sie vermeiden.

- *Welche Wunde gilt es zu heilen?*

Es ist die Wunde, nicht geliebt, beachtet, wertgeschätzt und als die oder der gesehen worden zu sein, die/der Sie sind.

20. Die zwei Erfolgreichen

Erfolg ist ein zentraler Bestandteil der narzisstischen Dynamik, da er das fragile Selbst vor dem Absturz in Minderwertigkeitsgefühle schützt. Erfolg steht daher im Dienste der Selbstwerterhöhung, denn er verleiht dem Menschen die Empfindung von Wichtigkeit, Können, Besondersein und Bessersein als andere. Für Erfolg sind narzisstische Menschen bereit, einen hohen Preis zu zahlen und sich über die Maßen einzusetzen. Investiert wird nur in das, was Anerkennung bringt. Daher gewinnen jene Menschen in ihrer Umgebung an Bedeutung, die sie auf der Karriereleiter weiterbringen, aber auch die, bei denen sie mit ihren Erfolgen Eindruck machen können. Denn Erfolg wirkt vor allem über die Gratifikation von außen, beispielsweise in Form von Applaus, Ruhm und Bewunderung.

Wer Erfolg hat, erwirbt sich Ansehen, einen sozialen Status, Geld und Macht. Im Fokus steht primär der berufliche Aufstieg im Sinne von Karriere, Beförderung, Verantwortung, Verdienst und Prestige. Auch unermüdliches Schaffen und keine Zeit für private Belange zu haben gehört zum Leben des Erfolgreichen, denn wer andere überragen will, muss sich anstrengen. Wer einen vollen oder überfüllten Terminkalender hat, von Meeting zu Meeting hetzt, wichtige, d.h. in diesem Fall dem Vorwärtskommen dienende Menschen trifft, viel Geld verdient und möglicherweise auch noch Macht und Einfluss besitzt, der »hat es geschafft«. Was hat er geschafft? Den Erfolg und die Erfüllung der eigenen Ansprüche und die der Gesellschaft. Das ist natürlich nicht zwangsläufig schon narzisstisch, kann es aber werden, wenn der Selbstwert vorwiegend am Status gemessen wird.

Wer noch dazu emotionale Bindung und Nähe psychisch als eher destabilisierend erlebt, für den ist der kognitive Erfolgssektor die »Rettung«. Denn er verleiht Bedeutung und Sicherheit, was bindungssichere Menschen auch in Beziehungen finden können. Somit hat Erfolg im Zusammenhang mit narzisstischen Strukturen nicht nur die Funktion von materiellem Gewinn und Anerkennung, sondern dient zugleich der emotionalen Befriedigung und psychischen Stabilisierung. Das erklärt auch, warum manche Menschen zusammenbrechen, wenn sie Misserfolge haben oder auf der Karriereleiter absteigen. In diesem Fall hat die Persönlichkeit kein Mittel mehr, ihren Wert zu bilden, und verliert das Fundament von Sicherheit, das zuvor der Erfolg bot.

Was David Grayson, Professor für unternehmerische Verantwortung, über die überhöhten Managergehälter sagt, passt in dieses narzisstische Schema: »Den meisten Managern, so vermutet der Professor, sei es bei den Gehaltserhöhungen vor allem um den eigenen Status gegangen, ›um den Platz in der Hackordnung‹ – und nicht um die absolute Lohnsumme.«[39]

Dass eine solche Erfolgsorientierung Konsequenzen für Beziehungen im Allgemeinen und für Zweierbeziehungen im Besonderen hat, liegt auf der Hand. In vielen Lebensgeschichten von narzisstisch strukturierten Menschen finden wir schon früh in der Kindheit die Erfahrung, dass Erfolg oft mehr galt als Zufriedenheit oder die Person selbst. Mit guten Leistungen können Kinder »punkten«, wenn sie zumindest bei einer Eins im Diktat Aufmerksamkeit und Anerkennung bekommen. Der Mensch ist auf Spiegelung angewiesen, auf die Rückmeldung »Du bist in Ordnung«. Bleibt sie aus, sucht er Wege, sie doch noch zu bekommen. Und über welchen Weg kann das besser gehen als darüber, erfolgreich zu werden?

Auch für Liliane und Paul war der Erfolg ihr primärer Lebensinhalt. Paul war ein viel gefragter Rechtsanwalt, der international tätig war und große Firmen vertrat. Liliane machte Karriere auf dem zweiten Bildungsweg, nachdem sie in der

Abendschule das Abi nachholte, Soziologie studierte und in der Personalführung einer großen Firma eine verantwortungsvolle Stelle bekam. Zu Beginn der Beziehung unterstützte er ihre Ausbildung und ihr berufliches Fortkommen mit aller Kraft. Er coachte sie, nutzte alle seine Kontakte und Verbindungen, um ihr den Weg zu ebnen, motivierte sie und gab ihr das Gefühl: »Du kannst es, du schaffst es«. Das war für Liliane der entscheidende Punkt, sich auf die Partnerschaft mit ihm einzulassen, obwohl er nicht ihr Typ war. Er war ihr zu sachlich und zu unemotional. Doch die Sicherheit, sich das erste Mal auf einen anderen Menschen verlassen zu können und von ihm unterstützt zu werden, zählte viel mehr. Es traf bei ihr auf ein zentrales, bisher unbefriedigt gebliebenes Bedürfnis. In ihrer Herkunftsfamilie lief es nämlich genau umgekehrt. Sie musste mehr für ihre Eltern sorgen als es diese für sie taten. Eine emotional instabile Mutter forderte ihre Unterstützung und auf den Vater war nie Verlass, geschweige denn, dass er für seine Familie sorgte. Liliane begann früh erwachsen zu werden und übernahm viel mehr Verantwortung, als sie tragen konnte. Ihre Tatkraft half ihr aber auch, ihrem Leben eine Richtung zu geben, und durch eine schulische Ausbildung und ein Studium bot sich ihr eine Erfolg versprechende Zukunftsperspektive. Und dann traf sie Paul, der für sie Halt, Förderung und Orientierung verkörperte.

Paul war stolz auf seine Frau und ihre Karriere, lobte sie vor ihren Freunden und sonnte sich in ihrem Erfolg. Denn es war ja im Wesentlichen sein Erfolg, da er ihr Mentor war. Ihr Erfolg wurde zu seinem Erfolg, und das stärkte sein Selbstwertgefühl.

Die Beziehung ging so lange gut, wie Liliane erfolgreich war. Zeigte sie jedoch Schwächen oder Angst, reagierte er mit Unverständnis und der Empfehlung, sie solle sich zusammenreißen. Denn auch er setzte diesen Maßstab an sich. Immerhin rackerte er sich ab, ihnen beiden ein gutes Leben zu bieten und ließ auch bei sich keine Schwächen zu.

Wo er im Leistungsbereich Unterstützung, Vertrauen und Zuversicht versprühte, fehlte ihm auf dem emotionalen Sektor jegliche Einfühlung in seine Partnerin. Wie schon in ihrer Familie, musste sie erneut auf Verständnis verzichten und sich stattdessen allein durchbeißen. Doch im Laufe der Jahre hungerte Liliane emotional immer mehr aus und schließlich gab sie es ganz auf, von Paul die Zuwendung bekommen zu wollen, die sie sich wünschte. Was beide lange nicht spürten oder auch nicht wahrhaben wollten, war eine zwangsläufige Entfremdung, die auch noch dadurch unterstützt wurde, dass sie sich kaum sahen und fast keinen Alltag mehr miteinander lebten. Entweder war er auf Reisen oder sie unterwegs, und so blieben nur noch wenige Wochenenden oder der Urlaub, in dem sie zusammen waren. Sie fühlte sich immer verlorener neben ihm und trug sich mit dem Gedanken, sich von ihm zu trennen.

Was war mit den beiden im Laufe ihrer Beziehung passiert?

Für Liliane und Paul waren bei ihrer Partnerwahl zwei wichtige Faktoren ausschlaggebend: die Ähnlichkeit des Partners mit einem wichtigen Elternteil und das Versprechen, zur seelischen Stabilisierung des Partners beizutragen.

Dieses Versprechen war für Liliane die Unterstützung und Förderung, der Halt und die Orientierung, die ihr immer gefehlt haben und die ihr Paul vermittelte. Er erfüllte ihr somit einen »Herzenswunsch« und erschien ihr dadurch der richtige Partner. Zugleich ähnelte er ihren emotional versagenden Eltern, die auch kein Ohr für ihre Nöte hatten. Auf der einen Seite wiederholte sich darin ihr Kindheitsdefizit, das aber durch das Versprechen auf der anderen Seite kompensiert und schöngefärbt wurde. Im Grunde hat sie bei Paul von Anfang an gespürt, was ihr fehlt, aber der Halt und die Unterstützung haben dieses Defizit scheinbar wettmachen können, jedoch nicht auf Dauer.

Für Paul ist Liliane die richtige Frau, weil er sie fördern und formen kann und dadurch Kompetenz spürt. Das ist im

Wesen die Pygmalion-Dynamik, bei der einer versucht, den anderen nach seinem Bilde zu formen. Wie in der literarischen Vorlage ist es auch im richtigen Leben nicht befriedigend, weil die Person, die »geformt« wird, sich ausgenutzt und emotional nicht verstanden fühlt, und der, der »formt«, mehr das Produkt liebt als die Person selbst. Die Lösung liegt darin, Pygmalion zu verlassen, um sich selbst zu finden. Liliane hat beschlossen auszuziehen, um eigenständig zu werden.

21. Die Pygmalion-Dynamik

Das Stück von Pygmalion, das auch Grundlage für das Musical My Fair Lady ist, ist die Geschichte von Professor Henry Higgins, einem selbstherrlichen Sprachwissenschaftler, der wettet, ein einfaches Mädchen zur Herzogin der Londoner Gesellschaft machen zu können. Er bringt der armen Blumenverkäuferin Eliza Doolittle bei, mit dem Akzent der hohen Gesellschaft zu sprechen. In vielen Unterrichtsstunden übt sie, die richtige Aussprache zu treffen und eines Tages stellt Higgins sie bei einer Botschafterparty erfolgreich als Herzogin vor. Higgins, nur verliebt in seine Schöpfung, in das sprachliche Kunstwerk, das er geschaffen hat, respektiert weder Elizas Gefühle noch ihre Bedürfnisse, er lobt sie nicht und sieht sie nicht als gleichwertig an. Aufgrund dieser schlechten Behandlung verlässt Eliza ihn, ohne zu wissen, was sie tun wird.[40]

Die Geschichte über Pygmalion von George Bernard Shaw ist in der Psychologie unter dem Begriff »Erwartungseffekt« bekannt. Das bedeutet, dass die Erwartungen beispielsweise eines Lehrers bezüglich der Leistungen von Schülern sowohl seine Beurteilungen als auch deren tatsächliche Leistungen beeinflussen. Glaubt er an ihr Können, schneiden sie besser ab. Der Einzelne wird schließlich so, wie er vom anderen gesehen wird.

Ich möchte diese Bedeutung erweitern um die narzisstische Thematik: Ein Mensch versucht, einen anderen nach seinem Bilde und Ideal zu formen und stärkt damit sein eigenes Selbst. Zwangsläufig wird der zu formende Mensch seiner Eigenart und Identität beraubt. Pygmalion, der »Macher«, liebt sein Werk mehr als die Person, die er formt. Er zwingt sie in sein »expanded self« und sie passt sich seinen Vorstellungen an, bewundert ihn und himmelt ihn an. Das ist sicher auch der Grund, weshalb sie sich auf eine solche Beziehung überhaupt einlässt. Denn je mehr sie versucht, so zu werden, wie er sie haben will, umso ähnlicher wird sie seinem Ideal und hat dadurch teil an seiner Großartigkeit. Das stärkt ihr Selbstwertgefühl, lässt sie größer und strahlender werden. Ein wunderbares Gefühl, in dem sie sich sonnen kann. Der Preis ist jedoch hoch, denn sie verliert sich selbst. Da ihr Blick nur auf den anderen und die Erfüllung seiner Ansprüche gerichtet ist, sieht und spürt sie sich selbst nicht mehr. Am Ende ist sie nicht mehr die Alte, aber auch noch keine Neue: für ein Blumenmädchen zu gebildet, für eine Frau von Stand zu arm. An diesem Punkt endet die Geschichte bei George Bernard Shaw. Dieses Ende ist jedoch im realen Leben der Anfang einer Suche nach der eigenen Identität. Wer bin ich denn wirklich? So armselig oder so großartig? Oder vielleicht noch ganz anders? Und wer ist mein Partner? Der anzuhimmelnde Meister oder der ausbeuterische Besserwisser? Einer, der mich braucht, oder einer, der mich liebt?

In diesen Momenten der Unsicherheit und Verwirrung kommen häufig die Frauen zu mir in die Praxis und hoffen zum einen, sich selbst zu finden, zugleich aber auch, die Beziehung zu retten. Denn eine gleichwertige Partnerin ist in der Pygmalion-Dynamik nicht vorgesehen. Wie soll ein Mann, der Mentor für seine Frau ist, brillieren, wenn er ein ebenbürtiges Gegenüber hat? Sein Gelingen hängt von der Ungleichgewichtigkeit der Beziehung ab: Pygmalion oben, der bewundert wird, und die Partnerin unten, die sich seinem Bild anpasst. Shaw bietet keine andere Lösung als die Trennung, weil die Liebe fehlt und die narzisstische Befriedigung im Vordergrund steht. Anders bei der Version von Ovid, bei dem die Liebe siegte.[41] Er liebt die von ihm geschaffene Figur mehr als sich und bittet die Göttin der Liebe, sie lebendig zu machen. Sein liebender Blick erweckt sie sozusagen zum Leben.

Ich halte diese Tatsache für den springenden Punkt: Wenn die Selbstverliebtheit und Selbstbespiegelung des Schaffenden einem liebenden Blick auf die Frau weicht, so wie sie ist, bekommt die Beziehung eine Chance. Denn dann kann auch die Geschaffene liebend den Mann erwecken. Anders, wenn die Partnerin in erster Linie der Selbstwerterhöhung des Mannes dient. Dann ist die Trennung fast unausweichlich. Denn um sich selbst zu finden, muss die Frau sich von den Erwartungen des Mannes lösen und ihre eigene Ausdrucksform finden. So wie Eliza, das Blumenmädchen am Ende ihre eigene Sprache und den Ort finden muss, wo sie hingehört. Da dieser Schritt eine Zurückweisung der Vorstellungen des Partners bedeutet und Gleichwertigkeit in der Beziehung voraussetzt, wird sie diesen Weg nur allein finden können. Es sei denn, der Partner lässt sich auf eine gemeinsame Veränderung ein und ist bereit, um der Beziehung willen seine Selbstbespiegelung aufzugeben.

Pygmalion muss aber nicht immer der Mann sein. Es gibt viele Beziehungen, in denen die Frau von Anbeginn weiß, was sie an ihrem Partner ändern möchte: »Wenn wir erst mal zusammen sind, dann werde ich ihm die Dinge schon abgewöhnen, die mich stören«, höre ich die Frauen oft sagen. Entweder glauben sie, ihn durch ihre Liebe zu einem anderen machen zu können oder sie wenden Manipulation, Vorwürfe oder Erpressungsversuche an.

In vielen Beziehungen sind die Erwartungen an den anderen nicht so klar definiert wie in der Geschichte von Pygmalion oder im Beispiel von Paul und Liliane. Eliza weiß, dass sie ihre Sprache und ihr Verhalten nach Pygmalions Anweisungen modulieren muss, und Liliane hat begriffen, dass es ihre Aufgabe ist, so erfolgreich zu werden, wie Paul es sich vorstellt. Viele Frauen glauben dagegen, »irgendwie« sein zu müssen, um dem Partner zu gefallen. Sie reagieren auf phantasierte Erwartungen, an denen sie ihr Verhalten orientieren. Diese Situation habe ich im Kapitel 13 »Unausgesprochene Erwartungen« beschrieben.

22. Die Schöne und der Anspruchsvolle

»Wenn Männer Gott spielen dürften, sähen wir Frauen aus wie Barbie.«[42]

Diese Aussage stützt sich auf ein Experiment an der Universität von St. Andrews in Schottland[43], bei dem Männer die Gesichter von Frauen so lange verändern konnten, bis sie ihnen optimal gefielen. Sie machten sie in der Regel weiblicher durch große Augen, volle Lippen, schmale Kiefer, hohe Wangenknochen und kleine Nasen sowie schmale Augenbrauen. Das sogenannte Beuteschema des Mannes reagiert auf diese Art von östrogenen Merkmalen, nicht dagegen auf Intelligenz. Bei Frauen steht Intelligenz bei einem Partner ganz oben auf der Wunschliste, bei Männern rangiert sie erst auf einem Platz weit hinten. Männer suchen nach Erkenntnissen von Dr. Grammer in erster Linie Frauen, die »nett, verständnisvoll, gesund, attraktiv« und geeignet sind, die Mutter ihrer Kinder zu werden.

Das lässt jede emanzipierte Frau erschaudern. Dennoch, im Rahmen von narzisstischen Beziehungen finden wir häufig genau dieses Muster. Die schöne Frau und der Mann, der sie dafür bewundert. Fest steht, dass für Frauen der Körper, das Aussehen und ihre attraktive Ausstrahlung eine wesentliche Quelle der Selbstwertstärkung darstellt. Frauen sind nach wie vor »das angestarrte Geschlecht«[44], wir betrachten sie anders als Männer, stellen höhere Ansprüche an Kleidung, Frisur und optische Anziehung als beim Mann. Dieser glänzt mit Intelligenz, Macht und Einfluss. Auch das klingt schon wieder zum Gänsehaut-Kriegen, aber ganz überwunden haben wir diese scheinbar tief sitzende Rollenverteilung nach wie vor noch nicht.

Das wird auch daran deutlich, dass Frauen, die erfolgreich sind, in ihrem Job Erfüllung finden, eventuell sogar Macht und Geld haben, es schwerer haben, einen Mann zu finden. Das hat sicher viele Gründe:

- Der Anspruch an den Partner steigt mit dem eigenen Erfolg.
- Männer fürchten sich vor erfolgreichen Frauen, weil sie Angst haben, nicht mithalten zu können, oder nicht wissen, was sie ihnen noch bieten können.
- Der Erfolg der Frau schmälert den eigenen.
- Erfolgreiche Frauen wirken oder sind vielleicht nicht so anpassungsbereit.
- Überspitzt war vom »Auslaufmodell des Mannes« in diesem Zusammenhang schon die Rede, denn was Männer können, können Frauen mindestens so gut und für die Reproduktion gibt es auch alternative Möglichkeiten.

Das Kopieren des Männlichen ist eine oft gelebte Variante einer alternativ gelebten Weiblichkeit. Das gipfelt in einer Aussage, die die französische Ministerin Rachida Dati gemacht haben soll: »Wenn du zu deiner Karriere unbedingt noch ein Kind willst, dann bitte so, dass es keiner merkt, dein Chef nicht, deine Untergebenen nicht und deine Figur erst recht nicht. Dein Mann kann es gar nicht merken, denn du hast keinen, du hast nur einen Kindsvater.«[45]

Barbie oder Dati? Oder beides zusammen? Wer entscheidet, was Frau lebt: sie selbst, der Mann, die Art der Beziehung, die Gesellschaft? Und kann sie leben, wie sie es sich vorstellt, wenn sie in einer Partnerschaft gebunden, vielleicht sogar Mutter ist?

Gundulas Mann Alexander war sehr anspruchsvoll, ein Narzisst, »wie er im Buche steht«. Körperlichkeit hatte nicht nur auf seine Frau bezogen eine hohe Bedeutung, sondern auch für ihn selbst. Somit strafte er alle Lügen, die einen perfekten Körper nur von Frauen erwarten. Er gehört zur Generation derer, die sich ihre Muskeln im Fitness-Studio definieren und dafür viel Zeit und Geld aufwenden. Seine Lieblingssendung war *The Swan*, bei der aus einem hässlichen Entlein mithilfe aller vorhandenen kosmetischen und operativen Tricks ein schöner Mensch wird. Einen Schwan wollte er auch daheim haben, und so hatte er sich eine ausgesprochen hübsche und schlanke Frau gesucht. Seinen Anspruch an sie und ihr Äußeres formulierte Alexander eindeutig: »Du weißt ja, wie du es schaffst, mir zu gefallen, indem du schlank bleibst.« Bei ihr fielen diese Worte auf fruchtbaren Boden, denn sie selbst definierte sich über ihren makellosen Körper und ihr Aussehen. Dennoch litt sie unter dem Perfektionsdruck, den Alexander auf sie und ihr Kind ausübte. Er forderte von allen das Maximum: von dem Sohn Bestnoten, von sich Bestleistungen und von Gundula ein perfektes Frausein. Auf der einen Seite wollte er mit ihrem Aussehen imponieren, wenn sie zusammen ausgingen, auf der anderen Seite verlangte er aber auch, dass sie zum gemeinsamen Familieneinkommen ihren Beitrag leisten sollte. Wenn er sich schon so abrackerte, sollte sie es sich dann zu Hause gemütlich machen?

Im Grunde war er neidisch, denn er fühlte sich überfordert, als Alleinverdiener die Familie zu ernähren. Durch seinen Perfektionismus setzte er sich dermaßen unter Druck, dass er immer verbissener wurde. Jede Freiheit, die sich sein Sohn und seine Frau nahmen, musste er einschränken, weil sie ihm zeigten, wie wenig er selbst davon hatte. Das aber durfte er nicht spüren, denn er musste ja die Verantwortung tragen. Eine tragische Verstrickung, weil Alexander nicht loslassen konnte und zugleich seine Familie immer stärker unter Druck setzte. Gundula ihrerseits glaubte, nur als perfekte Mutter und Ehefrau Anerkennung zu bekommen. Alles, was die Familie betraf, hatte sie in ihrer Kontrolle, was ihren Mann daheim fast entbehrlich machte. Vielleicht wollte er auch aus diesem Grund, dass Gundula wieder arbeiten ging, dann hätten sie wenigstens eine gemeinsame Ebene und ein Thema, über das sie sich austauschen konnten.

Gundula war die Erste in der Familie, die dem Druck nicht mehr standhalten konnte. Sie suchte sich Hilfe in der Therapie, weil sie sich selbst verloren hatte, aber auch die Gemeinsamkeit in der Beziehung zu ihrem Mann vermisste. Auch wenn sie alle seine Ansprüche erfüllte, schön und schlank war und Geld verdiente, wurde ihre Beziehung nicht besser. Sie hatte sogar den Verdacht, dass die Forderungen an sie immer höher wurden, je mehr sie sie erfüllte. Das zerstörte jede intime Nähe zwischen ihnen und am Ende die ganze Familie. Liebe, Verständnis, Unterstützung und Zuneigung hatten keinen Platz in diesem perfekten System. Gundula war die, die offensichtlich darunter litt, ihr Mann dagegen leugnete, Probleme zu haben. Die hatte doch nur sie. Auch der Sohn durfte beim Papa keine Schwächen zeigen und flüchtete sich zur Mutter. Nur bei ihr war Wärme spürbar. Bei seinem Vater fand seine Liebe immer weniger Resonanz.

23. Liebe, die ins Leere läuft

Monika hatte ein ähnliches Problem, auch ihre Liebe wurde nie beantwortet. Im Unterschied zu Gundula hatte sie keinen anspruchsvollen Ehemann, sondern immer wieder wechselnde Beziehungen, unter denen sie litt. Sie hing jahrelang an ihren alten Partnern und quälte sich ständig mit der Frage, warum ihre Beziehungen immer auseinandergingen. Die beste Beziehung war noch ihre erste gewesen, die dauerte drei Jahre, zerbrach dann aber auch. »Was danach kam, wurde immer schlimmer«, klagte sie.

Die Zeiten der Gemeinsamkeit wurden immer kürzer, die Ansprüche an die Partner immer höher, und das Gefühl, unfähig oder nicht liebenswert zu sein, stieg von Trennung zu Trennung. Aber mit jeder Trennung wurde auch die Dringlichkeit größer, dass der nächste Mann der Richtige sein müsse. Dieser Druck verstellte Monika oft die Sicht bei ihrer Wahl, die regelmäßig auf Männer fiel, die sich nicht zu einer festen Partnerschaft eigneten. Entweder waren sie gebunden oder lebten weit weg oder wollten eigentlich nur ein Abenteuer. Doch ohne zu prüfen stürzte sie sich in jede neue Affäre, die nach kurzer Zeit zerplatzte.

Im Lauf der Therapie wird deutlich, dass sie sich zwar sehnsüchtig eine Beziehung wünscht, aber auch ein Nein dagegen spürt. Das irritiert sie sehr.

Wir nehmen zwei Stühle, einen für die Seite Ja zur Beziehung, einen für Nein gegen Beziehung. Monikas Aufgabe besteht darin, die Stühle zuerst aufzustellen und sich dann nacheinander auf beide zu setzen, um zu spüren, wie sich das Ja bzw. das Nein anfühlt.

Sie hat große Probleme, eine Position für ihren Ja-Stuhl zu finden. Da sie sich lange nicht entscheiden kann, wo er stehen soll, beschließt sie, den Stuhl zu tragen. Sie schultert ihn wie einen Rucksack, doch er fühlt sich mit der Zeit wie ein Joch auf ihrem Rücken an. Er wird ihr zu schwer und sie will ihn ablegen. Wieder weiß sie nicht wohin. Endlich stellt sie ihn hinter den Nein-Stuhl und setzt sich drauf. Der Nein-Stuhl stört sie, steht ihr im Wege und sie kickt ihn mit dem Fuß weg. Nun hat sie Platz, kann nach vorne schauen, ist nicht mehr vom Nein eingeschränkt.

Wie schön, glaubt sie, endlich hat sie einen Weg zu ihrem Ja gefunden. Der freie Platz vor ihr ist allerdings nichts als eine große Leere. Da ist kein Weg, kein Ziel, kein Horizont. Sie erschreckt im ersten Moment, dann taucht in dieser Leere ein Mann auf. Doch statt sich ihm zuzuwenden, was ja ihr sehnlichster Wunsch war, geht alles in ihr auf Widerstand und Abwehr. Sie will nicht in Kontakt mit ihm treten, hält die Hände schützend vor sich und drängt ihn zurück.

Sie hat große Angst, verletzt zu werden. Indem sie sich abschottet, schützt sie ihr Herz. Was macht es so notwendig, das Herz zu schützen?

Wenn sie ihr Herz öffnet, sagt sie unter Tränen, dann kommt alles hoch: alle negativen Seiten von ihr, dass sie anstrengend ist, besserwisserisch, kontrollierend, langweilig. Alles, was Menschen verabscheuen und weswegen sie vor ihr wegrennen würden. Und sobald sie ihr Herz öffnet, kann sie diese Impulse nicht mehr verstecken, so wie sie es sonst tut.

Auf diese Weise kann sie einem anderen aber auch ihre Zuneigung nicht zeigen. Als kleines Experiment, wie sich »Zu-Neigung« körperlich anfühlt, versucht sie eine Verbeugung. Sich zu jemandem neigen ist Zuneigung. Im Anblick des imaginierten Mannes gelingt es ihr nicht. Sie kann ihm nicht ihre Zuneigung, ihre Gefühle zeigen. Denn sobald ihr ein Mann gefällt, wird sie ernst und verliert alles Spielerische und Leichte. Zu-Neigung ist zu bedrohlich! Zu-Neigung ist ein Sich-Ausliefern! »Wenn ich meine Zuneigung zeige, werde ich zurückgewiesen, so wie früher.«

Monika war eines der Kinder, dessen Liebe ins Leere lief. Keiner wollte sie und keiner beantwortete sie. Sie blieb allein mit ihrer Zuneigung und hatte das Gefühl, etwas sei schlecht daran, weil keiner sie erwiderte. Daher kam auch die Leere, die sich vor ihr auftat, als sie auf dem Ja-Stuhl saß. Der Raum blieb früher leer, weil er nicht mit Gegenliebe gefüllt war.

Monika kommt aus einer Familie, in der alle nebeneinanderher lebten und nur daran gemessen wurden, ob sie ihre Pflichten erfüllten und sich konform verhielten. Es herrschte ein eher liebloses Klima, in dem die Eltern sich nur wenig um die Kinder kümmerten. Sie waren mehr mit sich selbst beschäftigt, als sich um die Sorgen, Bedürfnisse und Belange der Kinder zu kümmern. Diese wurden zwar versorgt, aber emotional nicht genährt. Monika fühlte sich nie verwurzelt in der Familie, da sie anders war als ihre Geschwister, und so blieb sie unverstanden.

Einfühlsamkeit entbehrte sie auch beim Frauwerden. Ihre ersten Verliebtheiten wurden als Kinderkram abgetan. Wenn sie sich schön machte, um mit ihren Freundinnen auszugehen, wurde sie nicht selten als Hure beschimpft, die doch nur auf das eine aus war. »Schau dich doch an, wie du rausgeputzt bist. Was soll man da von dir denken?« Sie war verlegen, wenn sie ihre Periode bekam, weil die Mutter das in der ganzen Familie rausposaunte. »Na, hast du wieder deine Tage, weil du so mies gelaunt bist?« Eine jede dieser Bemerkungen verletzte Monikas Weiblichkeit. Sie begann, an sich zu zweifeln, traute ihren Gefühlen nicht und bekam Probleme mit ihrer körperlichen Entwicklung. Sie hörte »einfach« auf, Frau zu werden, was sich auch an ihrem Körper zeigte, der eher knabenhaft schlank geblieben ist, etwas kantig und ohne weibliche Rundungen. Frausein ist für sie sehr schamhaft besetzt, weshalb sie auch ihre Zuneigung zu einem Mann versteckt. Sie weiß nicht, was Frausein für sie bedeutet, und verhält sich Männern gegenüber wie eine gehemmte, verletzte Pubertierende.

Kein Wunder, dass ihre Beziehungen scheitern! Sie hat weder in sich noch in den Partner das Vertrauen, das sie braucht, um sich einzulassen. Jede neue Trennung bestätigt ihre Unfähigkeit und verstärkt die Verletzung. Für Monika eröffnete sich durch die Therapie die Möglichkeit, ihre nicht vollzogene Pubertät abzuschließen und die Frauwerdung nachzuholen, damit sie eine erwachsene Partnerin für einen erwachsenen Partner werden kann.

24. Narziss und Echo

Viele Frauen mit einer verletzten Weiblichkeit flüchten in eine Magersucht. Sie hungern, um nicht zuzunehmen, um ihre körperliche Entwicklung zu kontrollieren, um keine Regelblutung zu haben und nicht Frau werden zu müssen. Oder sie leben ein Zerrbild von Weiblichkeit, was für die Ess-Brechsucht charakteristisch ist. Diese Frauen legen viel Wert auf ihre Attraktivität, auf einen schlanken Körper und ein perfektes Äußeres, da sie glauben, das mache ihre Weiblichkeit und Anziehung aus. Ihre Beziehungen sind geprägt durch einen Wechsel von zu großer Nähe und extremer Distanz und brechen meist dann ab, wenn es ernst wird oder sie kommen erst gar nicht zustande. Eine ausführliche Darstellung dieser Beziehungsdynamik finden Sie in meinem Buch *Weiblicher Narzissmus – der Hunger nach Anerkennung*.

Narziss und Echo sind exemplarisch für diese Art der Begegnung: Die Nymphe Echo war von Hera mit dem Verlust ihrer Sprache bestraft worden und konnte nur noch die Rufe anderer nachschwätzen. Sie hatte nämlich Hera einst mit langen Geschichten unterhalten, sodass die Konkubinen des Zeus, Heras Gemahl, ihrem eifersüchtigen Auge entwischen konnten.

Echo verliebte sich in Narziss, wie so viele andere vor und nach ihr. Kaum hatte Echo Narziss erblickt, der abseits des Weges durch das Gelände streifte, entbrannte ihr Herz in Liebe. Sie folgte ihm verstohlen, und je länger sie ihm folgte, desto mehr ließ seine Nähe sie erglühen, so wie eine leicht entzündliche Fackel. Oh, wie oft wollte sie sich ihm mit liebevollen Worten nähern und ihn durch Bitten erweichen! Doch sie konnte das Gespräch nicht selbst beginnen, da sie auf seine Worte warten musste, auf die sie nur antworten konnte.

Endlich rief Narziss, als er sich verirrt hatte: »Ist jemand hier?«

»Hier«, antwortete Echo zu seiner Verwunderung, da er niemanden sehen konnte. Er staunte, ließ den Blick überallhin schweifen und rief mit lauter Stimme:

»Komm!«

»Komm!«, echote sie.

»Warum meidest du mich?«

»Warum meidest du mich?«

»Lass uns hier zusammenkommen.«

Auf keinen Ausspruch hätte Echo jemals lieber geantwortet.

»Lass uns hier zusammenkommen«, wiederholte Echo und rannte voller Freude aus ihrem Versteck, um ihn zu umarmen. Roh schüttelte er sie ab und lief davon.

»Hände weg, lass die Umarmungen! Eher will ich sterben als dir gehören«, rief er.

»Dir gehören«, flehte Echo. Doch Narziss war bereits fort.

Die Verschmähte hielt sich im Walde versteckt, verbarg schamhaft das Gesicht im Laub und lebte von nun an in einsamen Höhlen. Doch ihre Liebe blieb und wuchs aus dem Schmerz über die Zurückweisung. Sie verzehrte sich aus Gram, magerte ab und siechte vor Liebeskummer dahin. Die Magerkeit ließ ihre Haut schrumpfen, dem Körper entschwand alle Kraft, bis von ihr nur die Stimme blieb.[46]

Echo erinnert stark an Frauen mit einer weiblich-narzisstischen Persönlichkeit. Sie verklären den Mann, himmeln ihn an, oft sogar aus der Ferne, und warten passiv darauf, von ihm wahrgenommen zu werden. Sie reagieren nur, echoen, was von ihm kommt, ohne Eigeninitiative und eigenen Standpunkt. Sie stellen eine intime Nähe her, obwohl gar keine Basis dazu vorhanden ist. Echo kennt Narziss nicht, will ihn aber gleich bei der ersten Begegnung umarmen. Das wirkt sehr besitzergreifend und anklammernd, als habe sie keine Grenzen und respektiere auch die des anderen nicht. Für sie ist es anders, denn durch das Hinsehen und Anhimmeln hat sie innerlich schon eine Beziehung zu ihm hergestellt, die zwar real nicht existiert, für sie aber bereits ein Teil ihrer Wirklichkeit ist. Möglicherweise schon eine geraume Zeit lang. Dieses Missverständnis verhindert eine reale Beziehung, denn das Gegenüber weiß nicht, wie ihm geschieht. Der Mann fühlt sich vereinnahmt, überwältigt und bekommt Angst. Sein Rückzug und seine Abwehr sind ein Schutz und zugleich Ausdruck seiner eigenen Unfähigkeit, sich einzulassen. Er hat Angst, aufgefressen zu werden und seine Identität zu verlieren.

In dem Dialog zwischen Narziss und Echo wird deutlich, wie die Kommunikation getragen ist von Hoffnung und Sehnsucht. Sie hört, was sie hören will, blendet aus, was unangenehm ist, und entwirft sich auch hier wieder ihre eigene Realität. Die Enttäuschung und Beschämung sind groß, wenn sie verlassen wird. Wo hat sie hingeschaut, welche Signale haben ihr Nähe versprochen, die nicht da ist, was hat sie übersehen? Auch hier finden wir wieder das weiblich-narzisstische Muster: Sie wollte zu schnell zu viel, hat nicht geprüft, sondern ist ihrer Illusion von Beziehung erlegen, statt die reale Begegnung wahrzunehmen.

Auch Narziss ist nicht im Kontakt mit ihr. Er geht nicht auf sie ein, nimmt weder Rücksicht auf sie, noch interessiert er sich für das, was sie ausdrücken will. Es geht ihm nur um sich. Auch er hat seine Realität, seine Befürchtungen, was sie wohl von ihm will, und kann kein wirkliches Echo, keine wirkliche Zuneigung aushalten, geschweige denn annehmen. Bei Narziss wird durch die Begegnung mit Echo sein ungelöstes Mutter-Thema aktiviert. Auf der einen Seite war er der verwöhnte, schmückende, angehimmelte Sohn und bekam auf diese Weise viel Zuwendung. Auf der anderen Seite wurde er für die Wünsche der Mutter ausgebeutet. In einer solchen Beziehung zwischen Mutter und Kind mag es an affektiver Bindung nicht fehlen, wohl aber an »Verlässlichkeit, Kontinuität und Konstanz«[47] und an Raum, in dem das Kind seine eigenen Bedürfnisse, Gefühle und Grenzen erleben kann. Eine Mutter, die ihren Sohn einmal mit überschwänglicher Liebe bedrängt und ihm das andere Mal Desinteresse zeigt, macht es dem Sohn schwer, seine Identität zu entwickeln. Er fühlt sich als Spielball ihrer Launen, kann sich aber auch nicht dagegen abgrenzen, da er auf die Liebe der Mutter angewiesen ist. Besonders dann, wenn, wie bei Narziss, der Vater fehlt, der ausgleichend wirken könnte. Ein solches Kind wird später gegenüber Frauen vermutlich dieselben ambivalenten Gefühle entwickeln wie zur Mutter. Sie reichen von Angst vor Vereinnahmung und Ausgeliefertsein über den Hass, nicht er selbst sein zu dürfen, bis zur Idealisierung und Bewunderung der unerreichbaren Frau. Zudem fühlt er sich als Retter, der die Frau glücklich machen und zufriedenstellen muss, um von ihr geliebt zu werden. Er hat es ja gut gelernt, herauszufinden, wie sie heute »drauf« ist, was sie braucht und was er tun kann, um ihr ein Lächeln zu entlocken. Die Aufmerksamkeit ist nur auf die Mutter/Frau gerichtet, nicht mehr auf sich selbst. Die früh gelernte Selbstentfremdung setzt sich in der erwachsenen Beziehung fort.

Aufgrund des gemeinsamen narzisstischen Schicksals haben Narziss und Echo nicht erfahren, was es heißt, achtungsvoll miteinander umzugehen. Die seelische Not steht im Vordergrund und fordert ihren Tribut. Am Ende gehen beide unter, Echo ebenso wie Narziss. Von ihr bleibt die Stimme, das Echo, von ihm die Blume, die Narzisse. Beide können nichts miteinander anfangen.

Wie würde die Geschichte wohl enden, wenn Echo sprechen könnte und Narziss einen anwesenden Vater gehabt hätte?

Das könnte dann den Weg nehmen wie bei Andrea und Horst. Beide waren über 40, als sie sich kennenlernten. Er war fasziniert von Andrea, die selbstbewusst und gut aussehend großen Eindruck auf ihn machte. Er fühlte sich sehr geschmeichelt, eine so schöne Frau erobert zu haben, und konnte es lange nicht glauben, dass sie ein Paar waren. Ihm gefiel die Art, wie sie nächtelang miteinander reden konnten, sich witzig und spritzig die Bälle zuwarfen und miteinander lachten. Nichts trübte das Glück, auch der Sex stimmte. Aber nach einem halben Jahr merkte Horst, dass Andrea Seiten von sich zeigte, die ihn irritierten. Auf der einen Seite lobte sie sich über Gebühr, was ihr alles in ihrem Job wieder gelungen sei, auf der anderen

Seite wurde sie anhänglich und passiv fordernd. Sie war beleidigt, wenn Horst nicht gebührend auf sie einging, fragte selbst aber nie, wie es ihm geht. Sie stritten sich immer häufiger, oft aus nichtigem Anlass, und es wurde immer schwieriger, an die erfüllenden Zeiten zu Beginn der Beziehung anzuknüpfen. Nach jedem Streit zeigte sie sich am nächsten Tag wieder von ihrer charmanten Seite, war liebenswürdig und anziehend wie eh und je. Diese Wechselbäder ertrug Horst nicht mehr und er fing an, sie mit dem zu konfrontieren, was ihm an ihr auffiel. Zuerst reagierte sie gekränkt, machte ihm Szenen und drohte mit Trennung. Doch Horst ließ nicht locker und mit der Zeit öffnete sich Andrea. Sie gestand ihm, ängstlich und unsicher zu sein und durch jede Kritik sehr verunsichert zu werden. Sie befürchte, ihm nicht zu genügen, und frage sich, warum er überhaupt mit ihr zusammen sei. All ihre Selbstzweifel verbarg sie hinter der Maske der erfolgreichen, scheinbar unerreichbaren Frau, doch durch die Nähe zu Horst und seine Fragen bröckelte die Fassade. Sie hatten zwar eine neue Basis, auf der sie weitermachen konnten, doch wieder war Andrea im Fokus. Horst geriet zunehmend in eine Pseudo-Therapeuten-Rolle und kam in der Beziehung zu kurz.

Es geschieht häufig, dass die Partner eine Helferrolle einnehmen, um die Frau von ihren Problemen oder Essstörungen heilen zu wollen. Wir nennen diese Rolle Co-Abhängigkeit, die dazu führt, dass sich alles um das Problem der Partnerin dreht. Auch Horst musste aufpassen, nicht in diese Falle zu treten. Stattdessen wäre es angeraten, dass Horst und Andrea eine Einzel- oder Paarberatung aufsuchen, um die Behandlung in die Hände von Fachleuten zu legen und die Beziehung davon frei zu halten. Denn sonst entsteht ein Gefälle zwischen ihnen, und es ist keine gleichwertige Zweierbeziehung mehr, in der jeder zu seinem Recht kommt. Dennoch zeigt ihr Beispiel, dass das offene Ansprechen und Konfrontieren der Probleme eine Chance ist, die narzisstische Fassade einzureißen und zu einem wirklichen Kontakt mit dem anderen Menschen zu kommen.

25. Verführung
und Ausbeutung

Verführen und Verführtwerden spielen bei narzisstischen Partnern eine große Rolle. Da sie verführte Kinder sind, setzen sie diese Erfahrung in speziellen Verhaltensmustern im Erwachsenenalter fort. Die Verführung durch die Eltern geschah dadurch, dass die Kinder Zuwendung und Liebe bekamen, wenn sie die für sie vorgesehene Rolle einnahmen. »Du bist mein süßer Kronprinz, meine goldige Prinzessin, wenn du so bist, wie ich dich haben will.« Auf diese Weise wurden sie Teil des elterlichen »expanded self« und trugen zum Ansehen der Eltern bei. Das steigerte ihr kindliches Selbstwertgefühl und gab ihnen Wichtigkeit.

Verführen im Zusammenhang mit der narzisstischen Dynamik heißt: »Ich nehme dich hinein in meine Grandiosität, verspreche dir Glückseligkeit durch die Erhöhung deines Selbstwertes und die Erfüllung deiner narzisstischen Bedürfnisse. Dafür verzichtest du auf deine Selbstbestimmung, dein Anderssein, deine Lebendigkeit und deine Unabhängigkeit.« Die Verführung beruht auf einem Handel, bei dem der Verführer etwas gibt, beispielsweise Liebe, Sicherheit, Anerkennung und Beachtung, dafür aber eine Gegenleistung fordert, die jedoch nicht ausgesprochen, aber dennoch gefordert wird. Dieser Handel führt direkt in einen goldenen Käfig, vor dessen Tür die eigene Individualität abgelegt werden muss.

Zu Beginn einer Beziehung geschieht das sicherlich freiwillig, weil das, was Sie bekommen, sehr attraktiv ist. Doch im Lauf der Zeit spüren Sie, dass viel von dem versprochenen Gold nur unechter Tand ist, und dass der Preis, den Sie zahlen, nämlich der Verlust Ihrer Persönlichkeit, zu hoch ist.

Wenn beispielsweise eine Freundschaft nur darin besteht, dem anderen zuzuhören und ihn aus misslichen Lagen zu befreien, um dafür mit einflussreichen Leuten bekannt gemacht zu werden, fällt der Mangel spätestens dann auf, wenn Sie selbst Hilfe brauchen. Dann ist der andere nicht für Sie da, und die einflussreichen Leute helfen Ihnen auch nicht weiter.

Sie sind in keiner Beziehung gefeit, verführt zu werden, sei es durch echte oder falsche Freunde, durch Klienten, Therapeuten oder Verkäufer. Verführung setzt immer dort an, wo bei einem Menschen Bedürfnisse unerfüllt und Wünsche offen sind. Die Verführer versprechen die Erfüllung, ohne deutlich zu machen, was sie dafür verlangen. Je geschickter die Verführer agieren, umso weniger werden Sie merken, in welchem Spiel Sie verfangen sind. Das wird Ihnen meist erst dann bewusst, wenn Sie den Deal schon eingegangen sind. Je größer die Bedürftigkeit, umso größer auch die Gefahr, der Verführung zu erliegen. Dieselbe Dynamik finden wir auch bei Betrügern und Heiratsschwindlern, die es vorzüglich verstehen, dem anderen Verständnis und Zuwendung zu vermitteln, damit aber ganz andere Absichten verfolgen.

Ich möchte aber auch auf die lustvolle Seite der Verführung hinweisen, die zum Beispiel beim Flirten oder Miteinander-Spielen zum Tragen kommt. Hier begegnen sich zwei Menschen, die neugierig aufeinander sind, sich annähern und auf diese Weise kennenlernen. Unbefriedigend oder verletzend wird dieser Kontakt, wenn Sie die Verführung nicht als solche erkennen und sie für eine echte Beziehung halten. Denn Verführung ist nicht gleich Beziehung. Verführung verfolgt immer ein eigennütziges Ziel, Beziehung dagegen bedeutet Geben und Nehmen. Das Erkennen, dass es sich nur um eine Verführung und keine Beziehung gehandelt hat, kommt oft zu spät und ist dann sehr schmerzlich.

Leicht kann Verführung zur Ausbeutung werden, wenn der eine etwas für den anderen tun muss, was eigentlich nicht in seiner Verantwortung liegt. Das finden wir beispielsweise bei Kindern, die ihre Eltern stützen müssen, weil sie aufgrund von Depressionen, Suchterkrankungen oder aus anderen Gründen nicht fähig sind, für sich selbst zu sorgen. Den Kindern fällt dann die Elternrolle für die Eltern zu. Das ist eine direkte Umkehrung des Eltern-Kind-Verhältnisses: das Kind wird zum Elternteil, die Eltern zum Kind. Der Fachausdruck dafür ist »Parentifizierung«. Sie ist eine seelische Ausbeutung des Kindes, da es beschützen muss, statt selbst beschützt zu werden. In der Folge machen diese Kinder sich mehr Gedanken darüber, was für Papa oder Mama gut wäre, und spüren nicht mehr, was sie selber brauchen. Sie schaffen es nicht, sich gegen die Bedürftigkeiten und Forderungen der Eltern abzugrenzen oder haben massive Schuldgefühle, wenn sie es dennoch tun. Da die Eltern das Kind durch ihre Krankheiten manipulieren, verhindern sie dessen eigenständige Entwicklung. Denn wer will schuld sein an der Depression der Mutter oder dem Alkoholrausch des Vaters? Also lieber klein beigeben, sich anpassen und tun, was verlangt wird. In ihren erwachsenen Beziehungen werden diese Menschen mit großer Wahrscheinlichkeit dasselbe Muster weiterführen.

Sie entwickeln das bereits bei Horst und Andrea in Kapitel 24 erwähnte Helfersyndrom, bei dem der Helfer sich die Gedanken über seine Partnerin macht, die sie sich selbst machen sollte. Er sucht nach Lösungen für sie und überlegt, was gut für sie wäre. Das sieht zwar altruistisch aus, ist es im Grunde aber nicht. Denn es nimmt ihr jede Eigenverantwortung und macht sie abhängig. Der Helfer seinerseits wertet sich auf und stellt sich über sie, weil er meint, besser zu wissen, was für sie gut ist. Das hat häufig zur Folge, dass die Person, der er helfen will, sich verschließt oder sich sogar gegen die Hilfe wehrt. Das wäre das Signal zum Rückzug des Helfers, ist aber oft Auslöser, dass er sich noch mehr engagiert. Ein Teufelskreis!

Im Rahmen von Trennungen werden oft narzisstische Verführungen eingesetzt, um den anderen wieder an sich zu binden. Weil narzisstische Menschen so stark auf die Beachtung und Bestätigung von außen angewiesen sind, ist es für sie fast unerträglich, verlassen zu werden oder sich trennen zu müssen. Solange sie noch mit ihrer grandiosen Seite in Kontakt sind, werden sie alle Register ziehen, um den Mann oder die Frau wieder für sich zu gewinnen. Das gelingt beispielsweise dadurch, dass sie plötzlich alles einlösen, was sich ihr Partner/ihre Partnerin bisher gewünscht, aber von ihnen nicht bekommen hat. Sie gehen mit ins Konzert, wo sie sich sonst verweigerten, machen lange Spaziergänge mit, zeigen Interesse am anderen, fragen nach und signalisieren Einfühlung und Verständnis. Diese Verführung ist unschlagbar, denn auf einmal bekommen die Partner endlich das, worauf sie immer gewartet haben! Und sie greifen zu. Doch in dem Moment, wo sie ihnen wieder sicher sind, hören sie mit all dem auf und verhalten sich genauso selbstbezogen wie früher. Kurz gefasst könnte man sagen: Reingefallen! Die gezeigte Veränderung war nur ein Trick, eine perfekte Show. Seien Sie also vorsichtig, nicht zu schnell wieder in die Beziehung zurückzukehren und Harmonie zu erwarten, wenn Sie nicht zusammen neue Absprachen getroffen haben oder sogar entscheiden, eine Paartherapie oder -beratung zu machen. Ihre neue Beziehung könnte nämlich schnell wieder zerbrechen und dann vielleicht für immer. Bedenken Sie, dass Ihre gemeinsamen Probleme eine Geschichte haben, die bereits so lange dauert, wie Sie sich kennen. Die sind mit schnellem »Wohlverhalten« nicht aus der Welt geschafft.

Im Fall von Verführung und Ausbeutung hilft es, sich über die eigene Verantwortung klar zu werden, die jeder für sich und die Beziehung trägt. Die Richtschnur Ihres Verhaltens sollten zuallererst Sie selbst sein, nicht der Blick auf den anderen. Sie helfen keinem, wenn Sie ihm oder ihr etwas vormachen oder sich etwas vormachen lassen. Dadurch schaden Sie nur sich selbst und der Beziehung. Sie haben es nicht nötig, den anderen zu verführen, um ihn/sie für sich zu interessieren. Das bedeutet doch im Grunde, dass Sie nicht davon überzeugt sind, liebenswert und anziehend genug zu sein, sondern noch ein bisschen besser sein zu müssen. Menschen mit einem geschwächten Selbstwertgefühl haben es viel schwerer, sich wertzuschätzen, weil sie in ihrer Selbsteinschätzung so stark, oft sogar existenziell, von der Zustimmung anderer abhängig sind. Das macht sie verführbar und ausbeutbar. Wenn sie jedoch ein eigenes inneres Maß für ihren Wert entwickeln, können sie sich besser von ungerechtfertigten Ansprüchen distanzieren und Verführung von Realität unterscheiden.

26. Narzissmus in Therapie und Coaching

Narzissmus in Therapie und Coaching und die Frage »Was hilft?« sind Themen, die ein eigenes Buch füllen könnten. Ich möchte mich hier auf einige wesentliche Gedanken konzentrieren.

In der Psychotherapie zeigt sich das Thema Narzissmus auf vielfältige Weise. Je nachdem, welche Klientel uns aufsucht, sind die Fragestellungen unterschiedlich. Wir begegnen zum einen Patienten, die Hilfe brauchen, weil sie in einer Selbstwertkrise sind, ihre Beziehung zu zerbrechen droht oder sie unter seelischen oder Sucht-Problemen leiden.

Hier einige Auszüge aus Anfragen zu einer Therapie:

- Ich habe eine Essstörung, mit der ich jetzt schon recht gut zurechtkomme. Aber ich habe gemerkt, dass das Essproblem für mich stark mit zwischenmenschlichen Beziehungen zusammenhängt, seien es Eltern, Freunde oder Partner. Ich fühle mich schnell ungeliebt, verletzt und denke, andere brauchen mich nicht. Ich weiß mittlerweile, dass das real nicht so ist, aber ich kann einfach nicht »anders« fühlen. Ich würde gerne den Verstand auf meine Gefühle übertragen.

- Ich bin dabei, mir einzugestehen, dass ich professionelle Begleitung brauche. Die Symptombekämpfung funktioniert gut mit meinem bereits vorhandenen Handwerkszeug. Doch das, was darunter liegt, wird immer lauter und schmerzhafter. Allmählich droht – vielleicht auch dadurch – meine Beziehung zu zerbrechen.

- Jetzt ist die Zeit reif für eine Therapie, weil ich immer wieder an ein bestimmtes Thema stoße. Ich merke, dass meine alten Wunden – meine Mutter hat mich verlassen, als ich sieben Monate alt war – mein ganzes Leben überschatten. Daher tue ich mich mit Abschied, Grenzen setzen und Trennung ungemein schwer. Ich denke, es wäre für mich gut, ein wenig weiterzuarbeiten an diesem Schmerz.

- Eine berufliche Entscheidung hat mich völlig aus der Bahn geworfen und mein ganzes Leben verändert. Und nun weiß ich nicht mehr weiter. Ich habe Panikattacken und Angst, die falschen Entscheidungen zu treffen, wie schon so oft in meinem Leben. Ich lasse mich viel zu schnell von anderen beeinflussen, obwohl ich es besser wissen könnte.
  Außerdem habe ich festgestellt, dass ich versucht habe, eine Rolle zu spielen, immer perfekt sein zu müssen. Ich kann mich nicht abgrenzen, bin unzufrieden und definiere mich nur über Anerkennung.

In der Regel ist eine Krise der Auslöser für Menschen mit einer narzisstischen Problematik, therapeutische Hilfe in Anspruch zu nehmen. Ihr bisheriges Konzept funktioniert nicht mehr, weil sie entweder verlassen wurden, den Job verloren haben, krank wurden oder äußere Umstände ihr Leben in eine Richtung verändert haben, mit der sie nicht mehr zurechtkommen. Fallen die narzisstischen Stabilisatoren weg, wie ich sie nennen möchte, kann das bisher aufgebaute Selbstwertgefühl zusammenbrechen und es kommt zu einer narzisstischen Krise, die meist mit Angst, psychosomatischen Krankheiten, Verlassenheitsdepressionen, Suizidgedanken oder Gefühlen von Minderwertigkeit sowie Hilf- und Sinnlosigkeit verbunden ist.
Narzisstische Stabilisatoren sind:

- Macht, Geld, Einfluss und Bedeutung
- Sicherheit durch Bestätigung und narzisstische Zufuhr
- Gesundheit und Fitness
- Attraktivität und gutes Aussehen
- Permanente Leistungsfähigkeit und -bereitschaft
- Perfektionismus

Solange diese Faktoren gegeben sind, »hat die narzisstische Seele Ruh«. Die Stabilisatoren unterstützen das brüchige Selbstwertgefühl und gaukeln den Betroffenen eine Selbstsicherheit vor, die aber gar nicht so sicher ist. Denn fällt einer oder fallen mehrere Stabilisatoren weg, wird das Selbstsystem instabil. Dann ist es für sie schwer, ihr Selbstwertgefühl zu regulieren und wieder ins Gleichgewicht zu bringen. Sie werden konfrontiert mit Unsicherheiten und Ängsten, die bisher gut verdrängt und unter Kontrolle gehalten wurden.

»Meine Frau droht mir, sich von mir zu trennen, wenn ich mich nicht ändere. Aber was soll ich denn noch tun? Ich schufte von morgens bis abends, und wenn ich dann daheim bin, will ich nichts weiter, als meine Beziehung und Familie genießen. Ist das zu viel verlangt?«

Die Vorstellung, den Halt in der Familie zu verlieren, stürzte Josef in tiefe Verzweiflung. Er konnte nicht sehen, was er falsch gemacht hatte und wie er es besser machen könnte.

Doch seiner Frau ging es nicht um ein »Alles-noch-besser-Machen«. Sie wollte einen Partner, der für sie da ist und zwar nicht nur materiell versorgend, sondern auch emotional unterstützend. Er verstand nicht, was sie sagte. »Ich bin doch da und höre dir zu? Was soll ich noch tun?«

Narzissten reagieren auf Kritik oder Probleme der Partnerin/des Partners meist mit Abwehr, da sie sich sofort persönlich angegriffen fühlen und befürchten, sie seien schuld an dem Leid des anderen. Ihre Schuldgefühle können sie nur beruhigen, wenn sie schnell eine Lösung finden und der Konflikt aus der Welt geschafft wird. Das geschieht durch Herunterspielen, Rationalisieren, Rechtfertigen, Versprechungen oder Gegenangriffe. Gerade diese Haltung behindert aber oft eine Veränderung oder macht sie eventuell sogar unmöglich. Denn häufig liegt der Wandel nicht unbedingt im Tun, sondern im Verstehen. Und es sollte auch nicht um Schuldzuweisungen gehen, sondern um Verantwortung und um den gemeinsamen Wunsch, den Kontakt weniger konfliktreich zu gestalten. Dazu müssen beide Partner ihren eigenen Anteil erkennen, denn Beziehungen bestehen immer aus mindestens zwei Personen.

Im Fall von Josef wäre es sehr ratsam, wenn seine Frau mit in die Behandlung käme, zumindest für einige Sitzungen. Das gäbe dem Paar die Chance, sich beide Sichtweisen ohne Stress, das heißt ohne Schuldzuweisungen und Vorwürfe, anzuhören. Jede Kommunikation transportiert nicht nur einen sachlichen Inhalt, sondern auch einen emotionalen. In Konfliktsituationen, in denen sich beide Ebenen vermischen, kann ein neutraler Dritter, in diesem Fall die Therapeutin, helfen, Kommunikationsstörungen zu entwirren. Wer aus einem Wunsch des anderen sogleich einen Vorwurf hört, kann ihn nicht akzeptierend aufnehmen. Und wer seinen Wunsch als Vorwurf formuliert, wird lange auf seine Erfüllung warten.

Die narzisstische Dynamik von Klienten zeigt sich meist in einer Ambivalenz dem Therapeuten gegenüber. Auf der einen Seite meinen sie, alles besser zu wissen und allein lösen zu können, auf der anderen Seite haben sie hohe Erwartungen und Ansprüche an die Therapie. Wenn sie sich schon in Behandlung begeben, dann soll der andere »mal machen«, denn der ist ja der Experte/die Expertin. Das ist für uns Therapeuten oft eine Wackelpartie, weil wir nicht beides zugleich erfüllen können. Nehmen wir ihnen zu viel ab, werden sie sich bevormundet fühlen, verlangen wir zu viel Eigenverantwortung, frustrieren wir den Wunsch nach Unterstützung. Die Wahrscheinlichkeit, dass die Klienten gekränkt und enttäuscht reagieren, ist hoch. Aufgrund von Kränkungen beginnen sie die Therapie erst gar nicht oder sie gehen innerlich aus dem Kontakt. Wir merken es daran, dass sie zwar so tun, als ließen sie sich ein, aber im Grunde wehren sie sich innerlich und boykottieren die Arbeit, bis sie eines Tages – mit Recht – klagen, es gehe nichts voran. Ihren Anteil, also ihren Widerstand gegen die Therapie, sehen sie dabei nicht.

Die Aufgabe der Therapeuten besteht nicht darin, diesen Konflikt zu lösen, sondern ihn rechtzeitig wahrzunehmen, und die Ambivalenz und mögliche Kränkungen zum Thema zu machen. Dazu bedarf es einer wohlwollenden Haltung unsererseits, die den Klienten das Gefühl gibt, verstanden und ernst genommen zu werden. Aggressive oder abwertende Angriffe der Klienten machen es manchmal schwer, dieses Wohlwollen beizubehalten. Doch wenn wir verstehen, dass dieser Mensch im Grunde in Not ist und wie er um sein Leben kämpft, gelingt es leichter.

Die Beziehungsdimension narzisstischer Klienten reicht von Entwertung bis Idealisierung. Zumeist kommen sie in die Therapie mit einer idealisierenden Haltung uns gegenüber nach dem Motto: »Nur Sie können mir helfen. Sie sind die richtige, die einzige Therapeutin/der richtige, der einzige Therapeut.« Sie wählen mit Bedacht, wem sie sich anvertrauen. Entscheidend ist dabei der gute Ruf oder die Bekanntheit, denn sie gehen nicht zu jedem »x-Beliebigen«. Ihre Grandiosität verlangt nach »seinesgleichen«. Sie erwarten von uns Wunder und verbünden sich mit unserer grandiosen Seite. Nach dem Motto: Ich tue alles, um der beste Klient/die beste Klientin zu sein, und Sie tun alles, um die beste Therapeutin/der beste Therapeut zu sein. Jeder weiß, was er zu tun hat, um diese Rolle zu erfüllen. Die Therapeuten konfrontieren nicht und werden nicht unbequem. Und die Klienten machen alles mit, was wir anbieten, und versuchen, uns zu gefallen, indem sie schnelle Veränderungen vorweisen, die jedoch mehr auf Anpassung als auf einer wirklichen Wandlung beruhen. Dass dieser Pakt zwar bequem, aber wenig effektiv ist, ist einleuchtend.

Er beinhaltet aber auch eine Verführung, denn die Aufwertung, die wir erfahren, spricht die grandiose Seite unseres eigenen Narzissmus an. Gehen wir jedoch darauf ein, sitzen wir in der Perfektionsfalle. Wir müssen dann immer die perfekten Therapeuten im Sinne der Klienten sein. Das kann bedeuten, dass wir nie etwas vergessen dürfen von dem, was sie uns erzählt haben, dass wir nie Zweifel an ihnen haben oder sie kritisieren dürfen. Wir können uns noch so anstrengen, wir werden diese Aufgabe nicht erfüllen, weil wir nicht perfekt sind. Im Gegenteil, am Ende wird die therapeutische Beziehung sogar darunter leiden, weil wir durch irgendetwas den anderen enttäuschen. Und so schnell, wie sie uns auf den hohen Sockel gestellt haben, werden sie uns wieder hinunterstoßen, wenn wir uns als ebenso fehlerhaft erwiesen haben wie alle anderen Menschen in ihrem Leben. Für die Therapeuten kann eine solche Situation sehr schmerzhaft und beschämend sein, denn genau diesen Ausgang wollten sie um jeden Preis vermeiden. Und unsere Fehlbarkeit wird die egozentrische Haltung und das Misstrauen des Klienten bestätigen.

Natürlich können wir Enttäuschungen auf Seiten der Klienten nicht verhindern. Ich habe jedoch gute Erfahrungen damit gemacht, die Themen Erwartungen an mich als Therapeutin, Verantwortung für die Therapie und Enttäuschungen relativ früh anzusprechen.

Ein Klient von mir antwortete auf meine Frage, was er von mir erwarte: »Sie müssen mich immer verstehen.« Als junge Therapeutin hätte ich vielleicht versucht, diese Erwartung zu erfüllen, um dem Bild einer guten Therapeutin zu entsprechen. Und gute Therapeuten wollen wir doch alle sein. Ich hatte jedoch schon negative Erfahrungen mit solchen Verführungen gemacht, sodass ich erwiderte: »Ich werde versuchen, Sie zu verstehen, aber es wird mir vermutlich nicht immer gelingen. Wollen Sie trotzdem bleiben?« Ja, er wollte. Das Nicht-Verstanden-Werden bzw. die Angst davor waren zentrale Themen von ihm. Sie konnten nun ohne Erwartungsdruck und unterschwellige Drohung, sonst die Therapie abzubrechen, bearbeitet werden.

Für eine gelingende therapeutische Beziehung ist es vonnöten, dass auch wir Therapeuten uns mit unseren narzisstischen Anteilen auseinandersetzen. Denn wenn wir gekränkt reagieren, weil die Klienten keine Fortschritte machen und dadurch unsere Kompetenz nicht bestätigt wird, könnte daraus eine Ausbeutungsdynamik entstehen nach dem Motto: Du musst gesund werden, damit ich als guter Therapeut dastehe. Das hieße, wir machen unseren Wert vom Verhalten der Klienten abhängig, was nicht sein darf.

Da die narzisstische Thematik sowohl eine Selbstwert- als auch eine Beziehungsstörung beinhaltet, ist die Kontaktebene zwischen Klienten und Therapeuten ganz wesentlich. In der therapeutischen Situation zeigen sich alle Schwierigkeiten, die Menschen auch in ihrem »normalen« Leben haben, allerdings wie unter einem Vergrößerungsglas. In der Therapie besteht der Vorteil darin, diese Schwierigkeiten offenzulegen und zu bearbeiten. Die therapeutische Beziehung ist ein Modell, in dem neue Beziehungsfähigkeiten entwickelt werden und störende Verhaltensweisen und Einstellungen verändert werden können. Das Aufdecken der Erwartungen an mich als Therapeutin und an sich selbst als Klienten gehört ebenso zum Aufbau einer therapeutischen Beziehung, wie die Verteilung der Verantwortung und die Frage, wie vertrauenswürdig der Kontakt zwischen uns ist.

Die Arbeit mit narzisstischen Menschen erfordert aufgrund ihrer hohen Kränkbarkeit eine ständige Balance zwischen Halten und Konfrontieren. Auf der einen Seite bieten wir die tragende Hand, die Unterstützung, auf der anderen Seite bieten wir die Wand, die Grenze, die Konfrontation. Wandlung beinhaltet das Erfahren einer Wand[48], das bedeutet ein Innehalten, nicht einfach so weiterzumachen wie bisher. Unsere Rückmeldungen darüber, wie wir den anderen erleben, was hinderlich im Kontakt ist und welche Kontaktvermeidungsstrategien wir registrieren, sind wertvolle Informationen für unser Gegenüber, die sie in anderen Beziehungen meist nicht bekommen oder wenn, dann nur im Streit als Vorwurf. Das minimiert die Selbstachtung und verstärkt den Widerstand, sich mit sich selbst auseinanderzusetzen. Wohlwollende Konfrontation dagegen hat eine Chance, angenommen zu werden. Sie beruht auf »narzisstischer Unterfütterung«, auf dem Anerkennen der Person, ihrer Stärken, Kompetenzen und positiven Seiten. Auf diese Weise wird ein Boden bereitet für Vertrauen, weil es dem Gegenüber das Gefühl gibt, trotz Kritik nicht abgelehnt, sondern angenommen zu werden. Und genau das ist der sehnlichste Wunsch von Menschen. Wenn er erfüllt wird, ist es möglich, sich gemeinsam den Schwächen zuzuwenden, ohne das Selbstwertgefühl zu stark anzugreifen.

Zur konstruktiven Konfrontation gehören auch klare Absprachen über den Ablauf der Therapie wie Einhalten der Termine, Pünktlichkeit, pünktliche Zahlung der Rechnungen etc. Narzissten neigen in ihrer Grandiosität dazu, uns ihre Bedingungen aufdrücken zu wollen. Nach dem Motto »Ich bin ein besonderer Klient, ich erwarte eine besondere Behandlung!« Wenn Therapeuten sich breitschlagen lassen, Termine außer der Reihe zu vergeben, also an Tagen oder zu Zeiten, zu denen sie gewöhnlich nicht arbeiten, dann sind sie im Bann des fremden Selbst. Sie laufen Gefahr, sich von außen definieren zu lassen, wie sie ihre Therapeutenrolle umzusetzen haben. Daraus resultieren bei den Therapeuten Vorsicht, Unsicherheit und der Zweifel, nicht kompetent genug zu sein. Stellen sich diese Gefühle und negativen Gedanken beim Therapeuten ein, ist es an der Zeit, sich Supervision zu holen, um aus der Dynamik auszusteigen, die der Klient/die Klientin unbewusst inszeniert.

Die narzisstische Dynamik umfasst die Themen Macht, Ohmacht, Kontrolle und Konkurrenz. Die Klienten werden vermeiden, Macht abzugeben, und versuchen in allem, was passiert, die Kontrolle zu behalten. Das ist für sie vor allem am Beginn der therapeutischen Arbeit notwendig, um die Funktionsfähigkeit ihrer Person aufrechtzuerhalten. Kontrolle muss jedoch dort enden, wo sie den Fortgang der gemeinsamen Arbeit behindert. Vor allem im Coaching, wenn es nicht um Therapie, sondern um Beratung und Reflexion eigenen Handelns geht, treten die Klienten in ihrer Berufsrolle an. Haben sie eine einflussreiche Stellung mit hoher Entscheidungsbefugnis und Macht, werden sie als solche auch im Coaching bestimmen wollen, wie es abzulaufen hat. Im Grunde machen sie dann dasselbe, was sie auch außerhalb unserer Praxis tun. Doch nur, wenn sie den Generaldirektor oder die Managerin vor der Tür lassen und als die kommen, die sie sind, können sie etwas verändern. Auch Personen aus dem therapeutisch-beraterischen Umkreis, Coaches oder Supervisoren, haben es nicht leicht, sich auf einen persönlichen Prozess einzulassen, weil sie jetzt sozusagen auf der anderen Seite sitzen. Das kann im schlimmsten Fall als Kränkung erlebt werden, weniger als Hilfe.

Prüfen und Testen des Gegenübers, Konkurrenz im Sinne von Besser-sein-Wollen als der andere, niederschmetternde Abwertung oder in den Himmel-gehoben-Werden sind narzisstische Themen im Kontakt. Da verwundert es nicht, dass Therapeuten und Coaches die Arbeit mit narzisstischen Klienten oft als schwierig und anstrengend empfinden. Denn es ist eine Herausforderung an die Stabilität unseres eigenen Selbstsystems, nicht in einen Konkurrenz- oder Machtkampf mit den Klienten einzutreten, auch wenn sie ihn anbieten. Wenn wir von uns und unserer Arbeit überzeugt sind, dann werden wir durch Kritik nicht so schnell getroffen. Allerdings wirkt die Abwertung oder die Idealisierung auch bei Therapeuten. Nicht in sie einzusteigen ist oft schwierig. Erschwerend kommt hinzu, wenn Klienten und Therapeuten unterschiedlichen Geschlechts sind. Männer haben häufig mehr Widerstand, sich von einer Frau etwas sagen zu lassen als von einem Mann. Somit ist der Kontakt mit narzisstischen Männern für mich als Therapeutin in der Regel schwieriger als mit Frauen. Umgekehrt können narzisstische Klientinnen den männlichen Kollegen mit Verführung auf die falsche Fährte führen und auf diese Weise von sich ablenken.

Es gibt sogenannte »Beziehungstests«, denen Therapeuten unterworfen werden. Sie sollen den Klienten zeigen, ob wir sie ernst nehmen, respektieren und als gleichwertig behandeln.[49] Nur dann können sie Vertrauen aufbauen und sich einlassen. Das tun alle Menschen mehr oder weniger bewusst. Im Rahmen der narzisstischen Dynamik bezieht sich der Test hauptsächlich darauf, ob wir kompetent genug sind und unser Gegenüber ernst nehmen.

Der beste Umgang mit diesen Tests ist beispielsweise, die Äußerung des Klienten ernst zu nehmen und sachlich darauf zu reagieren. »Können Sie überhaupt mit so schwierigen Klienten umgehen, wie ich einer bin?«, ist ein Testsatz. Die Antwort könnte lauten: »Ja, ich habe schon mit vielen Klienten Ihrer Art gearbeitet. Aber machen Sie Ihre eigene Erfahrung und dann entscheiden wir nach fünf Stunden, ob Sie hier profitieren können oder nicht.« Sobald wir in der Testfrage eine mögliche Infragestellung unserer Kompetenz hören und ärgerlich oder gekränkt reagieren, geraten wir in einen zerstörerischen Kampf, an dessen Ende der Wunsch steht, die Therapie nicht weiterzuführen. Selbst bei Abwertungen gilt es, souverän zu bleiben, sich aber auch klar dagegen abzugrenzen. Denn auch von Klienten ist zu erwarten, dass sie zumindest einen mitmenschlichen Umgangston wählen.

Die hier aufgezählten Vorgehensweisen sind auf Therapeuten zugeschnitten, jedoch gelten sie auch für »private« Beziehungen. Sicherlich hilft die professionelle Rolle, narzisstische Verstrickungen schneller zu erkennen und ihnen auszuweichen. Dennoch ist es ebenso auch in Paarbeziehungen, Freundschaften oder Nachbarschaftsbeziehungen nicht ratsam, in die narzisstische Dynamik einzusteigen. Das gelingt Ihnen umso besser, je sicherer Sie sind. Die Definition des anderen abzuwehren gelingt eher, wenn Sie sich klar über sich sind, was Sie wollen und nicht wollen, was Sie können und nicht können. Verunsichert werden wir meist an den Stellen, an denen wir den Kontakt zu uns verloren haben. Aus Unsicherheit resultieren Machtkämpfe und Angriffe, um sich zu stabilisieren. Eine Einigung oder ein Sich-Verstehen wird dadurch verhindert. Und so kann es dazu führen, dass jahrelange Prozesse um das Fallobst in Nachbars Garten geführt werden, nur um nicht Gefahr zu laufen, unterlegen zu sein.

27. Was hilft?

Ko-evolution

Unter dem Begriff Ko-evolution beschreibt Willi die »gegenseitige Beeinflussung der persönlichen Entwicklung von Partnern, die zusammenleben.«[50]

Ko-evolution ist eine »gesunde Form des Zusammenlebens«, die durch eine Kollusion, also das gemeinsame Konfliktthema des Paares, gestört wird. In narzisstischen Beziehungen dreht sich der Konflikt, wie ich in Kapitel 7 beschrieben habe, um die Frage, ob man sich in der Beziehung für den anderen aufgeben muss, oder ob jeder er selbst bleiben kann. Müssen die Partner in bestimmter Weise sein, um das Selbstwertgefühl des anderen aufzubauen, oder dürfen sich beide abgrenzen und eigenständig sein?

Ko-evolution ist ein Prozess, den die Partner vollziehen müssen, natürlich auch dann, wenn sie in ihrer narzisstischen Dynamik verfangen sind. In der Silbe »Ko« ist das Beiderseitige, Gemeinsame benannt, das zur Beziehungsentwicklung gehört. Einer allein kann das narzisstische Beziehungsdefizit nicht kompensieren. Je bindungs- und selbstsicherer die Partner sind, umso leichter wird es dem Paar fallen, sich gemeinsam positiv zu entwickeln. Je narzisstischer sie sind, umso schwieriger wird es. Dennoch haben sie eine Chance, wenn beide die Beziehung erhalten oder aufbauen wollen.

Ko-evolution in narzisstischen Beziehungen heißt, das eigene Selbstwertgefühl und die eigene Autonomie in der Beziehung auf eine Weise zu stärken, die die Partner nicht einschränkt, sondern bereichert. Das bedeutet, sich gegenseitig im anderen spiegeln zu können, bestätigt zu werden als der,

der man ist, als ein wertvoller und liebenswerter Mensch. Die Erfahrung, geachtet zu werden, für den anderen wichtig zu sein und gebraucht zu werden, führt zu einer verlässlichen Bindung. Dazu gehören ebenso Vertrauen, Akzeptanz, Ehrlichkeit, Rücksicht und Kompromissbereitschaft. Auseinandersetzungen, die auch zu einer gelungenen Partnerschaft gehören, erfordern Konflikt- und Dialogbereitschaft. Für Narzissten zum Teil Neuland, aber erlernbar, am besten mit therapeutischer Hilfe.

Psychotherapeutische Unterstützung

Im Laufe der Jahre kann der Leidensdruck in einer narzisstischen Beziehung so groß werden, dass einer von beiden Partnern psychotherapeutische Hilfe in Anspruch nimmt. In der Regel ist es derjenige, der unter der grandiosen Partnerin/dem grandiosen Partner leidet, also der Komplementärnarzisst oder die Komplementärnarzisstin. Sie erhoffen sich nicht nur Rat für sich selbst, sondern vor allem für die Beziehung. Ihre Vorstellung ist, dass die Partnerschaft sich positiv verändert, wenn sie sich ändern. Da sie die Schuld für die gemeinsamen Probleme vorwiegend bei sich selbst suchen, glauben sie, die Beziehung retten zu können, wenn sie sich anders verhalten, nicht so empfindlich sind, selbstbewusster werden und sich besser abgrenzen.

Leider erweist sich dieser Wunsch in den meisten Fällen als Trugschluss. Wenn der Partner nicht mitmacht, wird es zu keiner dauerhaften Lösung kommen. Trotzdem ist der Schritt in die Therapie nicht nutzlos, denn er setzt ein Signal, dass es so, wie bisher, nicht weitergehen kann. Die Therapie, Beratung oder das Coaching führen zu mehr Klarheit über sich selbst, über die Beziehung und die Partnerin/den Partner. Der eigene persönliche Prozess, der stattfindet, ist eine Hilfe, sein Leben anders und erfüllter zu gestalten. Wenn Sie diesen Weg nicht für Ihren Partner/Ihre Partnerin einschlagen, sondern für sich selbst, werden Sie profitieren und eventuell sogar eine Lösung für Ihre Beziehungsfrage finden. Ob sie darin besteht, dass Sie sich trennen, eine vorübergehende Beziehungspause einlegen oder sich entscheiden, zusammenzubleiben, ist im Vornhinein nicht abzusehen. Ihre Verhaltensänderung bewirkt zumindest, dass »etwas« anders wird und das hat Auswirkungen auf Sie beide:

- Im positiven Fall lässt sich Ihre Partnerin/Ihr Partner mit Ihnen zusammen auf etwas Neues ein.
- Im negativen Fall lehnt sie/er alles ab, was mit Therapie zu tun hat.

»Hast du diese Idee schon wieder von deiner Therapeutin?« heißt übersetzt: »So ein Quatsch, da mach ich nicht mit. Ich lass mir doch nicht vorschreiben, wie ich mein Leben zu leben habe!« Mit dieser Haltung wird sich nichts zum Guten wenden, im Gegenteil, das alte Beziehungsmuster wird sich nur noch verstärken. Und der Graben zwischen Ihnen beiden wird immer tiefer.

An einem solchen Punkt entschloss sich Johanna, sich von Sebastian zu trennen. Sie hatte es satt, ständig auf seine Launen Rücksicht zu nehmen, sich nach seinen Stimmungen zu richten, ihn wie ein rohes Ei zu behandeln und auf so vieles zu verzichten, was sie sich von einem Partner wünschte. Alle Appelle an ihn, mehr Einfühlung zu zeigen, mehr Gemeinsamkeit herzustellen, sich ihr zu öffnen und nicht nur an sich zu denken, waren verhallt, und er änderte nichts. Ihre Gefühle für ihn lagen allmählich auf Eis, und es schien keinen Weg zu ihm zurück zu geben. Als sie ihm eröffnete, dass sie sich trennen wolle, bemühte er sich plötzlich mehr um sie und zeigte ihr, wie sehr er unter einer möglichen Trennung leiden würde. Aber alle seine Versuche, mehr Nähe herzustellen, fanden bei Johanna keinen Widerhall mehr. Sie gab ihm zwar noch eine Chance, aber eher halbherzig. Als sie nach Wochen wieder einmal bei ihm übernachtete und er sich einfach umdrehte und einschlief, war bei ihr das Maß voll. Doch statt wie früher neben ihm zu liegen, zu leiden und sich mies zu fühlen, weckte sie ihn auf und konfrontierte ihn mit seinem Verhalten: »Genau das ist es, was mich wahnsinnig macht. Statt mich in den Arm zu nehmen, legst du dich einfach hin und pennst weg. Da kann ich genauso gut heimgehen.« Sie stand auf und zog sich an. Doch an der Tür zögerte sie, weil es für sie nicht passte, im Zorn einfach zu gehen, wie sie es schon so häufig getan hatte. Sie kehrte um, und statt ihm Vorwürfe zu machen, sagte sie ihm, wie es ihr im Moment geht, was sie vermisst und was sie so traurig, wütend und verzweifelt macht. Er hörte ihr zu und war sehr aufmerksam. Es war, als verstehe er plötzlich, was sie ihm schon immer zu erklären versuchte. Die Klarheit, mit der sie zu ihm sprach und die Angst, sie am Ende wirklich zu verlieren, rüttelten ihn wach. Nicht Vorwürfe kamen bei ihm an, sondern die Direktheit ihrer Empfindungen und Aussagen. Am Ende kamen sie überein, eine Paartherapie zu beginnen, da sie es allein nicht schaffen würden.

In diesem Fall war es Johanna, die durch ihr Verhalten einen Wandel hervorrief. Sie hatte in ihrer eigenen Therapie gelernt, mehr auf sich zu hören und Sebastian nicht mehr zu schonen. Ihre Angst, er könne sich eine andere Partnerin suchen, hatte sie bisher davon abgehalten, ihm klar zu sagen, was sie will und was sie nicht mehr bereit ist, auszuhalten. Doch ihre Direktheit führte, entgegen ihrer Befürchtung, zu einer positiven Entwicklung.

Dialogbereitschaft

Solange Johanna keine Sprache für ihre Bedürfnisse und Gefühle hat und ein bindungsängstlicher Sebastian jede Frage schon als Forderung hört, so lange werden sie sich nicht verständigen können, weil sie auf ihre gegenseitigen Vorstellungen, Befürchtungen und Projektionen reagieren. Das verstärkt

Johannas Angst, zu fordernd zu sein und Sebastian damit zu vertreiben, was bisher auch meist passierte. Und Sebastian wird sich noch mehr zurückziehen aus Angst, sonst vereinnahmt zu werden. Das Grundproblem dabei ist, dass jeder nicht auf sich selbst schaut, sondern auf den anderen: Johanna ist mehr im Kontakt mit der erwarteten Reaktion von Sebastian als mit ihren Vorstellungen und Gefühlen. Und Sebastian entfernt sich von sich durch den Blick auf Johanna, was sie wohl von ihm wollen könnte. Wobei ich hinzufügen möchte, dass die Rollen von Johanna und Sebastian genauso gut andersherum denkbar sind. Und obwohl beide ihre Aufmerksamkeit auf den anderen richten, sind sie dennoch nicht mit diesem in Kontakt. Denn sie schauen nicht wirklich auf den anderen, sondern mehr auf ihre eigenen Befürchtungen und Ängste. Ihre Art, auf den anderen zu schauen, bedeutet nicht Interesse für dessen Wohlergehen, sondern stellt Kontrolle dar. Es ist der selbstbezogene Versuch, die eigene Haut zu retten.

Zur Lösung dieses Problems gehört, zuerst den Kontakt zu sich selbst herzustellen und wahrzunehmen, was jeder braucht und will bzw. nicht will. Was ihnen wichtig ist, welche Gefühle sie zu ihrem Partner/ihrerPartnerin haben und was sie bisher alles verschwiegen haben.

Am Beispiel von Johanna und Sebastian sehen Sie deutlich, wie entscheidend es für eine Beziehung sein kann, über das zu sprechen, was wichtig ist, Wünsche zu äußern und Grenzen zu setzen. Das gilt im Grunde für jedes gute Zusammenleben. Die Alternative dazu kann nur sein, nichts zu sagen und sich gekränkt aus dem Kontakt zu ziehen, es dem anderen aber irgendwann heimzuzahlen. Das führt unweigerlich zum Unfrieden mit dem anderen und mit sich selbst. Unfrieden aber macht Spannungen, die unterschwellig den Kontakt vergiften. Wenn Sie nicht sagen, was Sie wollen und nicht wollen, können Sie nur hoffen, dass es der andere irgendwann von alleine merkt. Doch darauf haben schon Heerscharen vergebens gewartet.

Beziehung ist ein Sich-Aufeinander-Beziehen und das geht nur, wenn beide miteinander kommunizieren, sei es verbal oder nonverbal. Und das gelingt umso besser, je mehr Sie in Kontakt mit sich sind, sich ernst nehmen, Ihre Gefühle, Wünsche und Grenzen beachten und wertschätzen.

Das bedeutet konkret:

- Sprechen Sie über das, was Ihnen wichtig ist, und äußern Sie Ihre Wünsche.
- Setzen Sie Grenzen, wo Sie das Verhalten des anderen nicht akzeptieren können/wollen.
- Wehren Sie sich gegen verletzendes Verhalten des/der anderen. Sie müssen nicht alles hinnehmen.
- Stehen Sie zu sich und dem, wie Sie sind.
- Fragen Sie nach, statt das Verhalten oder die Worte des anderen zu interpretieren.
- Entwickeln Sie Einfühlung und Interesse für Ihr Gegenüber.
- Vermeiden Sie Manipulation, Rache und Neid.

Diese Vorschläge mögen Ihnen vielleicht etwas simpel vorkommen, sie beinhalten aber, dass Sie anfangen, Ihren Blickwinkel zu verändern und autonom zu werden. Autonomie bedeutet, dass Sie entscheiden, wie Sie Ihr Leben gestalten wollen. Keiner kann Ihnen das vorschreiben, auch der Partner/die Partnerin nicht. Es geht nicht darum, egozentrisch nebeneinanderher zu leben, sondern egoistisch im Sinne von »auf mich bezogen«, selbstbestimmt zusammen zu sein. Wenn jedem das Recht gegeben ist, seinen Freiraum zu haben und seine Wünsche zu erfüllen, erhöht es die Zufriedenheit der Partner. Braucht einer von beiden mehr Freiraum als der andere, muss das nicht Lieblosigkeit bedeuten, sondern kann Anlass geben, um sich über das Thema Nähe und Distanz auszutauschen. Unvereinbare Positionen können letztlich nur akzeptiert werden, doch gibt es einen Spielraum, in dem Kompromisse und Absprachen wirken. Das geschieht dadurch, dass Sie den Wünschen des anderen entgegenkommen und zwar so weit, wie es für Sie akzeptabel ist. Wenn jeder sagen kann, was er braucht, und das Gegenüber die Freiheit hat, diesen Wunsch zu erfüllen oder abzulehnen, wird der Anpassungsdruck sinken. Die Freiheit, Ja und Nein sagen zu können, schafft oft ungeahnte Nähe, weil es die Angst nimmt, manipuliert zu werden, die eine Grundangst von narzisstischen Menschen ist.

Auch das klare Ja zur Beziehung schafft für beide Partner Sicherheit, denn es liefert die verlässliche Basis, die narzisstischen Beziehungen häufig fehlt. Die Beziehung ist dann kein Spiel mehr, sondern wird von beiden ernst genommen.

Das Zauberwort

Sind die Paare erst einmal in einem alten Muster verhaftet, ist ein Dialog in der Regel nicht möglich, denn die Partner prallen mit ihren gesamten Emotionen aufeinander. In diesem Fall ist es wichtig, die Heftigkeit zu stoppen, um einen möglichen destruktiven Streit zu vermeiden, der alles nur schlimmer macht.

Das alte Muster war bei Johanna und Sebastian folgendes: Johanna spricht Sebastian an, weil sie durch sein Verhalten verletzt ist, er fühlt sich sofort kritisiert und zieht sich gekränkt zurück. Sie steht wie vor einer Wand und explodiert irgendwann, woraufhin er sich noch mehr abschottet.

Was hilft, um das destruktive Muster zu stoppen?

- Erkennen Sie, dass Sie in einer altbekannten Konfliktsituation sind.
- Machen Sie ein »Zauberwort« aus, das einer von beiden spricht, wenn Sie merken, dass Sie in einem bekannten destruktiven Muster verfangen sind. Spricht einer das Zauberwort, müssen sich beide daran halten, nicht weiterzumachen. Reden Sie über etwas anderes und verschieben Sie die Klärung auf einen späteren Zeitpunkt. In der Rückschau können Sie erforschen, wer wodurch getriggert wurde und

was Sie in diesem Moment gebraucht hätten. So ein Zauberwort sollte lustig sein, vielleicht etwas absurd, um der Situation die existenzielle Schwere zu nehmen. Ein Paar fand das Wort »Bratpfanne«, weil es sie an einen Streit erinnerte, über den sie heute beide herzhaft lachen können und in dem die Bratpfanne eine wichtige Rolle spielte. Sie könnten aber auch »Spinat« wählen oder »Blumenkohl« oder »Regenschirm«. Völlig egal. Nur wirken sollte es.

- Erst, wenn sich die Gemüter abgekühlt haben, können Sie anfangen, über sich zu sprechen und sich gegenseitig zuzuhören. Vermeiden Sie Wertungen, denn hier gibt es kein Richtig oder Falsch. Hören Sie nur zu, ohne gleich zu handeln oder sich zu rechtfertigen. Das Ziel ist, Verständnis für den anderen zu entwickeln statt lautstarker Streitereien oder Rechthaberei.

- Die Schwierigkeit bei narzisstischen Paaren ist, dass eine Innenschau und Selbstreflexion aus zwei Gründen fast unmöglich ist. Zum einen müssten sie sich Fehler eingestehen, was ihr Selbstbild trübt. Zum anderen haben sie ein Defizit, sich wahrzunehmen, und schämen sich, ihre Gefühle und Wünsche dem Partner/der Partnerin preiszugeben. Das macht sie verletzlich und hilflos. Sicherlich hat diese Scheu, sich emotional mitzuteilen, mit negativen Erfahrungen zu tun, wie früher ihre Gefühle beantwortet wurden. Bietet die jetzige Situation jedoch genug Sicherheit, können sie wagen, sich zu öffnen. Ansonsten sollten sie sich professionelle Unterstützung holen, um sich zu schützen.

Der liebende Blick ist nicht eitel

Den liebenden Blick haben wir schon bei Ovid kennengelernt. Er ist beziehungs- und liebesstiftend. Statt im narzisstischen Sinne nur darauf zu achten, was am anderen falsch oder richtig, hässlich oder schön ist, verkörpert der liebende Blick keine

Wertigkeit, sondern Zugewandtheit. Nicht das perfekte Aussehen schafft Liebe, sondern die Art, wie ich jemanden betrachte.

Wie viele Paare schauen sich seit langem nicht mehr direkt in die Augen! Sie schauen aneinander vorbei, sehen sich nicht, beurteilen sich nur. Der liebevolle Blick geht über die eigene Person hinaus in die Zweiheit, zum anderen, den wir brauchen, um wir selbst zu werden, der uns aber auch erweitert. Im narzisstischen Horizont gibt es nur das Ich oder die Verschmelzung, nicht das Wir. Und das macht narzisstische Beziehungen so schwer oder sogar unmöglich. Gelingt es, dieses Wir herzustellen, diesen liebenden Blick auf den anderen zu entwickeln, eröffnen sich neue Welten. Dieses Wir, das Einlassen auf den anderen, ist der Schlüssel. Ich habe es immer wieder während meiner psychotherapeutischen Arbeit erlebt, wie durch ein verständnisvolles Miteinander, einen wohlwollenden Blick auf den anderen die perfekte äußere Fassade bricht und sich der Teil des Menschen zeigt, den er bisher immer verborgen hat. Wenn er seinen Schmerz, seine Ängste, seine Sehnsüchte und seine Liebe zulässt und spürt, ist das sehr anrührend und geht zu Herzen. Dieser Mensch wird weicher, sein Gesicht öffnet sich, der Blick sucht die anderen und es entsteht Verbundenheit. Vielleicht mauern sich narzisstische Menschen deshalb so ein, weil sie zur Öffnung Schutz und emotional offene Menschen brauchen, von denen sie den liebevollen Blick bekommen. Bewertung würde sie wieder verschließen.

Einem liebenden Blick geht es nicht um das Bewerten, sondern sich für den anderen neugierig zu öffnen. Ihr Partner, Ihre Freundin, Ihr Bruder sind anders als Sie, lernen Sie auch diese Andersartigkeit zu lieben. Sprechen Sie einmal in derselben Geschwindigkeit wie Ihr Partner, der Sie sonst mit seinem langsamen Reden verrückt macht. Laufen Sie einmal so schnell wie Ihr Bruder, den Sie ablehnen, weil er sich immer so schnell aus dem Staub macht. Schlüpfen Sie in die abgelehnten Seiten Ihres Partners und erleben Sie die Welt aus dieser Sicht. Mit

Sicherheit werden Sie interessante Erfahrungen machen, unter anderem die, dass das, was Sie am anderen ablehnen, vielleicht eine Seite von Ihnen selbst ist, die sie nicht mögen. Das Abgelehnte im anderen zu bekämpfen ist leichter, als es bei sich zu ertragen. Oder Ihr Partner/Ihre Partnerin lebt etwas, das Sie auch gerne täten, es sich aber verwehren. Und deshalb werten Sie es bei dem anderen ab.

Der liebende Blick bedeutet nicht nur die grundlegende Bejahung der anderen Menschen, sondern auch des eigenen Seins und der eigenen Person. Statt nach narzisstischer Manier allein im Außen Bewunderung und Anerkennung zu suchen, können Sie Ihre Selbstliebe stärken und damit Ihren positiven Narzissmus.

Miteinander sein statt fliehen

Miteinander sein bedeutet nicht nur, zusammen zu sein, sondern zusammen zu erleben. Man bezieht sich aufeinander, übernimmt Verantwortung für sich und den anderen und fühlt sich in sein Gegenüber ein. Im Miteinandersein geht es nicht um Tun, sondern um Sich-Begegnen, es geht nicht um Recht- oder Unrechthaben, um richtig oder falsch sein, sondern um Erleben und Sein. Hier bedarf es keiner Worte, oftmals hilft Schweigen sogar.

Zwischen Johanna und Sebastian entwickelte sich mit der Zeit eine ganz neue Qualität, nämlich die des gemeinsamen Schweigens. Johanna war beglückt darüber, neben Sebastian zu laufen, ohne zu reden. Jeder war bei sich und freute sich über das, was ihn berührte. »Kein blöder Kommentar, der den Frieden störte und mich zum Reagieren gebracht hätte«, sagte Johanna. Sie hasste es an Sebastian, dass er immer etwas auszusetzen hatte und anfing, über alles zu schimpfen. Sie fühlte sich dann aufgefordert, dazu Stellung zu nehmen und seine Kritik abzuschwächen. Eine mühevolle Aufgabe, die meist darin endete, dass sie sich stritten. Ging sie nicht auf seine negativen Kommentare ein, hörte er viel schneller damit auf, denn er erntete damit bei Johanna keine Aufmerksamkeit mehr. Im Schweigen konnte er nicht nörgeln, und das half ihm und ihr, das Schöne zu erleben.

Das Miteinandersein macht vielen narzisstischen Menschen Angst, weil sie befürchten, zu »zerfließen« und die Kontrolle zu verlieren. Zudem müssen sie, wenn sie stehen bleiben, sich einlassen, binden und ihre Gefühle aushalten.

Das ist auch der Grund für Sebastian, durch Kritik die gute Stimmung zu zerstören, um auf diese Weise seine Empfindungen in den Griff zu bekommen. Auch Streits können eine solche Funktion erfüllen oder das ständige Infragestellen der Beziehung.

Dass das Miteinandersein so schwierig ist, liegt zum Teil an der Ambivalenz von narzisstischen Beziehungen, die schwer auszuhalten ist. Die Partner sind gefühlsmäßig hin- und hergerissen zwischen annähern und fliehen, zwischen Nähe suchen und Distanz schaffen, zwischen vertrauen und sich schützen. Das erzeugt eine hohe innere Spannung, die durch eine Trennungsdrohung kanalisiert wird. Bei jedem Streit wird der Joker Trennung aus der Tasche gezogen: »Dann kann ich ja gleich gehen« oder »Nun verlasse ich dich wirklich« oder »Dann trennen wir uns eben, ist mir doch egal« lauten die Drohungen. Werden sie zu häufig gebraucht, verlieren sie ihre Wirkung und sind nur noch Worthülsen, zerstören aber auf Dauer die Zweisamkeit. Wie soll sich der Partner/die Partnerin einlassen können, wenn immer eine Trennungsdrohung im Raum steht, sobald es schwierig wird? Auf diese Weise gibt es weder eine konstruktive Konfliktlösung noch ein Miteinander. Vermeiden Sie daher solche Drohungen, kanalisieren Sie ihre Spannungen auf andere Weise und bleiben Sie im Kontakt, statt zu fliehen.

Wichtiges von Unwichtigem unterscheiden

Sie füllen große Steine in ein Glas, bis es voll ist. Nun haben noch kleine Steine in den Zwischenräumen Platz. Und wieder ist das Glas voll. Doch es geht noch Sand hinein, bis das Glas ganz gefüllt ist. Der Sand und die kleinen Steine sind nicht wichtig, um das Glas zu füllen, es ist schon voll durch die großen Steine. Genauso ist es im Leben. Die großen Steine sind das Bedeutungsvolle, um das wir uns kümmern müssen, nicht der Sand. Der ist das Unwichtige. Immer, wenn Sie sich über etwas in Ihrer Beziehung grämen oder aufregen, fragen Sie sich, ob es wichtig ist oder Sand. Ist es Sand, dann lassen Sie es an sich vorübergehen.

In Beziehungen können Kleinigkeiten eine enorme Bedeutung annehmen, denn die narzisstische Waagschale misst das Negative doppelt so schwer. Statt das Gewichtige positiv zu sehen, zählen sie jede kleine Unachtsamkeit auf und machen sie zu einem Beweis der Lieblosigkeit des anderen oder der eigenen Unwichtigkeit. Ein sehr anstrengendes Konzept, das die Gemeinsamkeit zwischen den Partnern allmählich aushöhlt.

Auch bei Johanna und Sebastian ging es häufig um die Frage, ob das Positive und das Negative sich die Waage halten oder nicht. Sebastian gab zu, dass er mehr die kritischen Seiten an Johanna betont, als ihr zu sagen, was er schätzt und gut an ihr findet. Er machte den Vorschlag, einen Plan aufzuhängen, auf dem alle kritischen und positiven Bemerkungen und deren Gewichtung notiert werden. Und am Ende der Woche setzen sie sich zusammen und reden darüber. Eine gute Idee, die mehr Aufmerksamkeit und Bewusstheit für das Positive und eine neue Wertigkeit schaffen kann.

Lebendigkeit

Lebendigkeit spielt im Rahmen von narzisstischen Strukturen eine große Rolle. Denn Narzissmus bedeutet, von seinem sogenannten wahren Selbst getrennt zu sein und stattdessen eine Selbsterhöhung in der Grandiosität zu inszenieren oder eine Selbsterniedrigung im Minderwertigkeitsgefühl. Das Unterbrechen des Kontakts zum wahren Selbst bedeutet, sich von seinen Empfindungen, Gefühlen, seiner Selbstachtung, seinen Stärken, seiner Identität und seiner Lebenskraft zu trennen.

Das wahre Selbst ist das innere Lebensreservoir. Ihm geht es nicht um die Fassade aus Überheblichkeit oder Niedergeschlagenheit, sondern um Sein.

Die Hinwendung zum wahren Selbst ist eine Hinwendung zum »Lebensspender«, wie es Symington nennt. Es ist die Wahl, ins Leben zu gehen oder in der narzisstischen Hülle zu verbleiben, die Wahl, zu lieben oder zu bewundern, die Wahl, geliebt zu werden oder sich anbeten zu lassen. Wer sich dafür entscheidet, dem Leben den Rücken zu kehren, hat auch die Möglichkeit, sich ihm zuzuwenden. Wer sich in der Beziehung dafür entscheidet, sich vom anderen abzuwenden und ihn zu verachten, hat ebenso die Wahl, im Kontakt zu bleiben und den anderen zu achten. Auf diesen Wahlmöglichkeiten beruht die therapeutische Veränderungsmöglichkeit. Wir haben immer die Wahl, auch wenn sie uns im Moment nicht zugänglich ist. Das Ziel der Therapie besteht unter anderem darin, sich Wahlmöglichkeiten zu erarbeiten, die im narzisstischen System verloren gegangen sind.

Die Ausschreibung zu einem Frauen-Seminar über narzisstische Beziehungen lautete: »Wir wollen Wege finden, den persönlichen Wert vom Partner loszulösen und zur eigenen Lebendigkeit und Autonomie zurückzukehren.« Das Schlüsselwort, weswegen sich die meisten Frauen anmeldeten, war Lebendigkeit!

Sie hatten das große Bedürfnis, sich wieder lebendig zu fühlen, was ja auch bedeutet, das Leben in die eigenen Hände zu nehmen und selber Entscheidungen zu treffen. Selbstaufgabe dagegen führt dazu, vieles in sich absterben zu lassen: eigene Impulse, Wünsche, Bedürfnisse, Gefühle und Lebensziele. Kompensiert haben sie es mit Arbeit, mit der Hauptverantwortung für die Kinder und den Haushalt, oft auch mit der Pflege der eigenen Eltern oder der Schwiegereltern. Doch satt und wichtig sind sie dadurch nicht geworden.

Die Selbstaufgabe für den Partner/die Partnerin führt unweigerlich zu einer inneren Entfremdung und Leblosigkeit, wie wir es im Bild des Glassargs im Märchen von Schneewittchen finden. Schneewittchen lebt zwar, doch sie ist wie tot. Erst als ihr der Apfelgrütz, den sie geschluckt hat, aus dem Mund fährt, erwacht sie zum Leben. Sie hat sich befreit von dem, was sie bisher geschluckt hat. Wenn Partner anfangen, das auszudrücken, was ihnen nicht gefällt, wenn sie Nein sagen, wenn sie sich abgrenzen und zu ihren Vorstellungen und Wünschen stehen, das heißt zu sich selbst, werden sie lebendig. Wenn sie ihren persönlichen Wert nicht ausschließlich an der Zuwendung des Partners/der Partnerin festmachen, sondern ihn auch durch sich selbst finden, werden sie lebendig. Und dann entwickeln sie auch den Mut, Ja zu sagen und Nähe zuzulassen sowie die Bereitschaft, dem Partner/der Partnerin zuzuhören und zu sehen, wie er/sie ist.

Ein Spiel zum Abschluss

Es gibt ein Kartenspiel von der Psychotherapeutin Michaela Huber, das heißt Ressourcium und enthält 99 Karten, die helfen sollen, sich an Schönes zu erinnern. Spielerisch werden dadurch unsere Ressourcen, unsere inneren Kraftquellen gefördert, die uns unterstützen, die anderen, die Welt und uns mit positiveren Augen wahrzunehmen. Mithilfe dieser Karten können Paare auf spielerische Weise in Kontakt kommen, Schönes miteinander teilen und dabei etwas über den anderen erfahren.

Hier einige Karten-Beispiele:

- Wann warst du das letzte Mal richtig ausgelassen?
- Wenn du die Möglichkeit hättest, nette Dinge in die Welt zu zaubern, was würdest du tun?
- Beschreibe eine Musik, die dich besonders berührt.
- Ein Tag im Körper des anderen Geschlechts, was würdest du besser machen?
- An welche positiven Dinge glaubst du?
- Wenn du dich von Kopf bis Fuß lebendig fühlst, wie fühlt sich das an?
- Wenn etwas in gutem Sinne an dein Herz rührt, wie (was) ist das?
- Kennst du jemanden, auf den der Begriff »großherzig« passt?
- Wie stellst du dir einen gut gelaunten Schutzengel vor?

Setzen Sie sich miteinander hin und erzählen Sie sich zu jeder dieser Karten Ihre Geschichten, Vorstellungen, Träume und Wünsche. Sie werden merken, wie viel Spaß es macht und was Sie alles von Ihrem Partner/Ihrer Partnerin hören, das Sie noch nicht wussten.

Mit den Worten von Khalil Gibran zur Ehe möchte ich enden: »Singet und tanzet zusammen und seid fröhlich, doch lasset jeden von euch allein sein. Gleichwie die Saiten einer Laute allein sind, erbeben sie auch von derselben Musik. Und stehet beieinander, doch nicht zu nah beieinander: Denn die Säulen des Tempels stehen einzeln.« Auch wenn es paradox klingt, so ist eine wichtige Voraussetzung für eine gute Gemeinsamkeit eine integrierte Persönlichkeit mit eigenen Grenzen.

Dank

Wie immer haben auch an diesem Buch viele Menschen ihren Anteil, wofür ich sehr dankbar bin. Zuerst sind es meine Klienten und Klientinnen, deren Berichte, Erfahrungen und Geschichten dem Buch die notwendige Lebendigkeit und Authentizität verleihen. Bei der Darstellung wurde Wert darauf gelegt, die Einzelheiten und Namen derart zu verändern, dass keine Rückschlüsse auf die Personen möglich sind. Ich danke allen, die mir erlaubten, Informationen von ihnen zu verwenden und die mich durch die therapeutische Arbeit viel über das Phänomen des Narzissmus in Beziehungen lehrten.

Zum anderen danke ich meinen Kolleginnen und Kollegen, meinen Freundinnen und Freunden und meiner Familie für ihr Interesse und ihre Unterstützung:

Dr. Johanna Müller-Ebert, die mir mit ihrem fachlichen Rat und ihrer freundschaftlichen Hilfe die gesamte Zeit über zur Seite stand. Sie gab mir auch den Hinweis auf die Theorie des »expanded self«, die ein wichtiger Teil des Buches geworden ist.

Verena Conze, Helma Herrmann, Dr. Bernd Sprenger, Dagmar Pick, meine Mutter und meine Schwester, die vorab mein Manuskript mit kritischen und wohlwollenden Augen auf Fehler, Wiederholungen und Ungereimtheiten, aber auch auf Highlights hin durchlasen.

Gabriele Enders, mit der zusammen ich das Bild für den Buchumschlag fand.

Alle, die mir durch Diskussionen und Gespräche über das Thema »Narzisstische Beziehungen« Ideen, Anregungen und Denkanstöße gaben.

Und ein großer Dank geht wie immer an meine Lektorin und Freundin Dagmar Olzog, mit der es viel Spaß macht, Bücher zu schreiben. Ich schätze ihre Offenheit für meine Gedanken und Ideen, ihre Geduld und ihren Zuspruch sowie ihre klaren Vorstellungen, was aus Sicht des Lektorats für das Buch notwendig ist. Zusammmen haben wir auch den Titel gefunden.

Anmerkungen

1 Kernberg, zit. nach Akhtar 2006, S.627
2 Real 1999, S. 40
3 Joffe und Sandler 1967 in Kernberg/Hartmann 2006
4 Mentzos 1991, S.56
5 Willi 1983, S. 76 ff
6 Wardetzki, siehe »Weiblicher Narzissmus«
7 Willi 2008, S. 322
8 In Anlehnung an eine SDR-Sendung von Hoffmann-Axthelm: »Wenn Narziss Athena küsst … Vom Verlieben und aneinander Vorbeilieben«
9 Diese und die weiteren Zitate der Narkissos-Sage sind von Ranke-Graves 1990, S. 259 f.
10 Stoll 2007, S. 149
11 Akhtar 2006
12 Bergmann, zit. nach Akhtar
13 Die drei anderen Kollusionsthemen von Willi seien kurz erwähnt: das orale (Anspruch auf Versorgung), das autonome (Anspruch auf Autonomie), das ödipale (Anspruch auf männliche Vorherrschaft). Weiteres dazu in Willi 1983.
14 Willi 1983, S. 67
15 Ders. 1983, S. 68
16 Wirth 2002, S. 9
17 Nach Wirth 2002, S. 26
18 Petermann 1988, S. 31
19 Siehe Petermann 1988, S. 32 ff
20 Ders. S. 33
21 Ders. S. 32
22 Auf genetische, evolutionäre, biochemische und hormonelle Faktoren möchte ich hier nicht näher eingehen.
23 Stiemerling 2002, S. 57
24 Willi 2008, S. 321
25 Stiemerling 2002, S. 62 ff
26 Aus der Trauma-Therapie sind viele effektive Methoden bekannt,

die für die Heilung des inneren Kindes angewandt werden können. Sie bewirken sowohl emotional als auch hirnphysiologisch
eine Verarbeitung und Befriedung. Es würde den Rahmen spren-
gen, sie hier näher auszuführen, deshalb verweise ich auf weiter-
führende Bücher in der Literaturliste.

27 Reddemann 2001, S. 72
28 Dies. 2001, S. 81
29 Damasio 2003
30 Schwanitz 2001, S. 66
31 Ders. S. 100
32 Siehe dazu Schienle 2007, S. 144 ff
33 Louann Brizendine in Welt online
34 Wirth in Kernberg 2006, S. 159
35 Hartmann in Kernberg 2006, S. 15
36 Tress 2003, S. 15
37 Nach Rosen Soref 1995, zit. in Hartmann
38 Hartmann 2006, S. 18
39 *Süddeutsche Zeitung* vom 3.7.2009
40 Ausführlicher Text der Pygmalion-Geschichte im Anhang.
41 Text von Ovid siehe Anhang
42 Michaela Haas in SZ Magazin 13/2009, S. 10
43 Jan Penton-Voak und David Perrett
44 Lawrence 1999, S. 41
45 *SZ Magazin* 13/2009, S. 32
46 Die hier niedergeschriebene Geschichte von Narziss und Echo ist
    zum Teil wörtlich zwei Quellen entnommen: von Ranke-Graves
    1990, S. 259 und Renger 1999, S. 47
47 Miller in Renger 1999, S. 222
48 Mündliche Aussage von Dr. Konrad Stauss
49 Siehe Sachse 2004, S. 37 und S. 45
50 Willi 2008, S. 217

Diagnosekriterien der Narzisstischen Persönlichkeitsstörung nach DSM-IV

Ein tief greifendes Muster von Großartigkeit (in Phantasie oder Verhalten), Bedürfnis nach Bewunderung und Mangel an Empathie. Der Beginn liegt im frühen Erwachsenenalter und zeigt sich in verschiedenen Situationen.

Mindestens 5 der folgenden Kriterien müssen erfüllt sein:
1. Größengefühl in Bezug auf die eigene Bedeutung (z.B. die Betroffenen übertreiben ihre Leistungen und Talente, erwarten ohne entsprechende Leistungen als bedeutend angesehen zu werden).
2. Beschäftigung mit Phantasien über unbegrenzten Erfolg, Macht, Scharfsinn, Schönheit oder ideale Liebe.
3. Überzeugung, »besonders« und einmalig zu sein und nur von anderen besonderen Menschen oder solchen mit hohem Status (oder von entsprechenden Institutionen) verstanden zu werden oder mit diesen zusammen sein zu können.
4. Bedürfnis nach übermäßiger Bewunderung.
5. Anspruchshaltung; unbegründete Erwartung besonders günstiger Behandlung oder automatische Erfüllung der Erwartungen.
6. Ausnutzung von zwischenmenschlichen Beziehungen, Vorteilsnahme gegenüber anderen, um eigene Ziele zu erreichen.
7. Mangel an Empathie; Ablehnung, Gefühle und Bedürfnisse anderer anzuerkennen oder sich mit ihnen zu identifizieren.
8. Häufiger Neid auf andere oder Überzeugung, andere seien neidisch auf die Betroffenen.
9. Arrogante, hochmütige Verhaltensweisen und Attitüden.

George Bernard Shaw: Pygmalion

Gekürzte Inhaltsangabe

An einem späten Sommerabend drängen sich einige Londonerinnen und Londoner wegen eines heftigen Regenschauers unter dem Portal der Sankt-Pauls-Kirche in Covent Garden, darunter ein etwa 20 Jahre altes Mädchen, das auf der Straße Blumen verkauft, ein Professor, Henry Higgins, der sich mit der englischen Aussprache beschäftigt und behauptet, bis auf acht Kilometer angeben zu können, woher ein Mensch stammt, und Oberst Pickering, der sich auf indische Sprachen spezialisiert hat. Higgins wettet mit ihm, durch seinen Sprachunterricht könne er aus dem ordinären Blumenmädchen vor ihnen eine feine Dame machen, die er beispielsweise als Herzogin ausgeben könne.

Am nächsten Tag erscheint Eliza Doolittle – so heißt das Blumenmädchen – bei Henry Higgins und will Unterricht von ihm, natürlich gegen Bezahlung.

Pickering verspricht, für den Unterricht, neue Kleider und alles sonst noch Erforderliche aufzukommen. Higgins bittet seine Haushälterin, das Mädchen zu baden und seine Kleider zu verbrennen. Frau Pearce entrüstet sich über die beiden Junggesellen: »Man kann ein Mädel doch nicht so wie einen Kieselstein am Strande auflesen.« Ob er sich Gedanken darüber gemacht habe, was nach Abschluss des Experiments aus dem Mädchen werde, fragt sie Higgins. Der versteht nicht, was sie meint. Als Oberst Pickering ihn fragt: »Glauben Sie nicht, Higgins, dass das Mädel auch etwas empfinden könnte?«, antwortet er gereizt: »O nein, das glaub ich nicht. Keinesfalls hat es Gefühle, über die wir uns Gedanken zu machen brauchen.«

Nach einigen Wochen kündigt Henry Higgins seiner 60-jährigen Mutter den Besuch seiner Schülerin an. Eliza spricht sehr gepflegt und achtet darauf, nichts Falsches zu sagen. Dann aber passiert es doch: »Meine Tante starb an Influenza, so hieß es. Aber ich bin fest davon überzeugt, dass man die alte Frau abgemurkst hat.«

Nach dem Besuch wirft Frau Higgins Oberst Pickering und ihrem Sohn vor, sich keine Gedanken über Elizas Zukunft zu machen: »Ihr seid aber wahrhaftig zwei rechte Kinder. Ihr spielt mit einer lebendigen Puppe.«

Professor Higgins lehrt Eliza zwar korrekt zu sprechen, aber wie man sich in gehobenen Kreisen benimmt, schaut sie zum Glück nicht ihm, sondern dem höflichen Oberst Pickering ab, zu dem Eliza einmal sagt: »Sehen Sie, wenn man davon absieht, was ein jeder sich leicht aneignet: sich anziehen, richtige Aussprache und so weiter, dann besteht der Unterschied zwischen einer Dame und einem Blumenmädchen wahrhaftig nicht in ihrem Benehmen, sondern darin, wie man sich gegen sie benimmt.« Higgins aber weist sie auf etwas hin, was ihn von Pickering unterscheide: Während dieser ein Blumenmädchen wie eine Herzogin behandele, verhalte er sich gegenüber einer Herzogin nicht anders als gegenüber einem Blumenmädchen: »Das große Geheimnis besteht nicht darin, Eliza, ob man schlechte oder gute oder ganz besondere Umgangsformen hat, sondern nur darin, dass man für alle menschlichen Wesen die gleichen Umgangsformen an den Tag legt.«

Schließlich naht der Tag, an dem Higgins das umerzogene Blumenmädchen bei einem Gartenfest, einem Dinner und in der Oper als Herzogin ausgibt. Eliza macht ihre Sache so gut, dass er schon befürchtet, sie werde auffallen. »Weißt du«, sagt er zu Oberst Pickering, »es gibt viele echte Herzoginnen, die es überhaupt nicht treffen. Sie sind so dumm zu glauben, dass der Stil bei Leuten ihres Ranges von selber käme und so lernen sie ihn niemals.« Er gewinnt die Wette. Auf den Gedanken, Eliza zu loben und sich bei ihr zu bedanken, kommt er nicht. Wütend wirft sie ihm deshalb zu Hause die Pantoffeln an den Kopf: »Zwischen Ihresgleichen und meinesgleichen kann von Gefühlen keine Rede sein.« Noch in derselben Nacht läuft sie davon, und am nächsten Morgen sucht sie bei Frau Higgins Zuflucht.

Eliza wirft Higgins vor, immer nur an seine Wette gedacht, sich aber nie um sie gekümmert zu haben. Welche Unannehmlichkeiten ihr daraus entstünden, sei ihm gleichgültig. Higgins verteidigt sich: »Wäre die Welt jemals erschaffen worden, wenn ihr Schöpfer Angst vor den unangenehmen Folgen gehabt hätte?« Eliza würde gern wieder Blumen auf der Straße verkaufen, aber sie weiß, dass dies nicht mehr möglich ist. In die gehobene Gesellschaft gehört sie jedoch trotz ihrer geschliffenen Sprache und des über ihren Vater hereingebrochenen Geldsegens ebenso wenig. Sie ist deklassiert, sozial entwurzelt.

Im Nachwort verrät George Bernard Shaw, dass Eliza Doolittle und Freddy Eynsford Hill heirateten und im Gewölbe eines Bahnhofes unweit des Victoria-und-Albert-Museums ein Blumengeschäft eröffneten. Anfangs blieb ihnen kaum genug, um davon zu leben, aber sie büffelten abends Buchhaltung, bis sie auch davon so viel verstanden, dass sie ihr Geschäft erfolgreich führen konnten.

Zit. nach Inhaltsangabe und Kommentar: © Dieter Wunderlich 2002

Die Geschichte von **Pygmalion**
nach Ovid

Die Geschichte von Pygmalion geht auf die antike Fassung von Ovid zurück (Metamorphosen Buch 10, Vers 243 ff). Hier eine kurze Zusammenfassung:

Der Künstler Pygmalion von Zypern ist aufgrund schlechter Erfahrungen mit Frauen, die sich prostituierten, zum Frauenfeind geworden und lebt nur noch für seine Bildhauerei. Ohne bewusst an Frauen zu denken, erschafft er eine Elfenbeinstatue, die wie eine lebendige Frau aussieht. Er behandelt das Abbild immer mehr wie einen echten Menschen und verliebt sich schließlich in seine Kunstfigur. Am Festtag der Aphrodite fleht Pygmalion die Göttin der Liebe an: Zwar traut er sich nicht zu sagen, seine Statue möge zum Menschen werden, doch bittet er darum, seine künftige Frau möge so sein wie die von ihm erschaffene Statue. Als er nach Hause zurückkehrt und die Statue wie üblich zu liebkosen beginnt, wird diese langsam lebendig. Aus der Verbindung geht ein Kind namens Paphos hervor. Im 18. Jahrhundert erhält die zum Leben erweckte Statue den Namen Galatea.

Wikipedia

Literatur

Akhtar, Salman: *Narzissmus und Liebesbeziehungen*. In: Kernberg, Otto F./ Hartmann Hans-Peter: *Narzissmus. Grundlagen, Störungsbilder, Therapie.* Schattauer 2006

Beaumont, Hunter: *Prozesse des Selbst in der Paartherapie. Betrachtungen zu einer Gestalttherapie für Paare mit fragilen Selbstprozessen.* In: Gestalttherapie. Zeitschrift der Deutschen Vereinigung für Gestalttherapie Heft 1, 1987, S. 38-51

Brizendine, Louann: *Das weibliche Gehirn. Warum Frauen anders sind als Männer.* Goldmann 2008

Damasio, Antonio R.: *Der Spinoza – Effekt. Wie Gefühle unser Leben bestimmen.* List 2003

Gibran Khalil: *Der Prophet.* Walter 1974

Hartmann, Hans-Peter: *Narzisstische Persönlichkeitsstörungen – Ein Überblick.* In: Kernberg, Otto F./Hartmann, Hans-Peter: *Narzissmus. Grundlagen, Störungsbilder, Therapie.* Schattauer 2006

Hoffmann-Axthelm, Dagmar: *Wenn Narziss Athena küsst … Vom Verlieben und aneinander Vorbeilieben.* Autorin vom Radioessay zur SDR-Sendung S2 Kultur am 18.1.1993

Huber, Michaela: *Ressourcium. 99 Wortkarten.* KIKT-Thema 2009

Jellouschek, Hans: *Beziehung und Bezauberung. Wie Paare sich verlieren und wieder finden, gespiegelt in Märchen und Mythen.* Kreuz 2005

Jellouschek, Hans: *Liebe auf Dauer. Was Partnerschaft lebendig hält.* Kreuz 2008

Kernberg, Otto F./Hartmann, Hans-Peter: *Narzissmus. Grundlagen, Störungsbilder, Therapie.* Schattauer 2006

König, Karl: *Charakter, Persönlichkeit und Persönlichkeitsstörung.* Klett-Cotta 2004

König, Karl: *Kleine psychoanalytische Charakterkunde.* Vandenhoeck & Ruprecht 1991, 2008

Lawrence, Marilyn: *Ich stimme nicht. Identitätskrise und Magersucht.* Rowohlt-Verlag 1999

Levine, Peter: *Vom Trauma befreien. Wie Sie seelische und körperliche Blockaden lösen.* Kösel 2008

Levine, Peter/Kline, Maggie: *Verwundete Kinderseelen heilen.* Kösel 2005

Mentzos, Stavros: *Neurotische Konfliktverarbeitung.* Fischer 1991

Parnell, Laurel/Kierdorf, Theo/Höhr, Hildegard: *EMDR, der Weg aus dem Trauma. Über die Heilung von Traumata und emotionalen Verletzungen.* Junfermann 1999

Petermann, Frank: *Zur Dynamik narzisstischer Beziehungsstruktur.* In: Gestalttherapie. Zeitschrift der Deutschen Vereinigung für Gestalttherapie Heft 1, 1988, S. 31-41

Petermann, Frank: *Idealität, Narzissmus, Homosexualität.* In: Gestalttherapie. Zeitschrift der Deutschen Vereinigung für Gestalttherapie Heft 1, 1992, S. 61-93

Ranke-Graves, Robert von: *Griechische Mythologie. Quellen und Deutung.* Rowohlt 1990

Real, Terrence: *Mir geht's doch gut. Männliche Depressionen.* Scherz 1999

Reddemann, Luise: *Imagination als heilsame Kraft. Zur Behandlung von Traumafolgen mit ressourcenorientierten Verfahren.* Leben lernen 141, Pfeiffer 2001

Reddemann, Luise: *Psychodynamische Imaginative Traumatherapie PITT – Das Manual.* Leben lernen 167, Pfeiffer 2004

Renger, Almut-Barbara: *Mythos Narziss.* Reclam 1999

Sachse, Rainer: *Psychologische Psychotherapie der Persönlichkeitsstörungen.* Hogrefe 2001

Sachse, Rainer: *Persönlichkeitsstörungen. Leitfaden für die psychologische Psychotherapie.* Hogrefe 2004

Saß, Henning: *Diagnostisches und statistisches Manual psychischer Störungen DSM-IV.* Göttingen: Hogrefe 200

Schienle, Anne: *Geschlechtsdifferenzen in der Emotionalität aus der Sicht des Neuroimaging.* In: Lautenbacher, Stefan: Gehirn und Geschlecht. Springer 2007

Schneewind, Klaus A./Wunderer, Eva: *Das Beziehungsrepezt.* In: Psychologie heute 7/2003

Schwanitz, Dietrich: *Männer. Eine Spezies wird besichtigt.* Eichborn Verlag 2001

Stiemerling, Dietmar: *Was die Liebe scheitern lässt. Die Psychologie der chronisch gestörten Zweierbeziehung.* Pfeiffer/Klett-Cotta 2002

Stoll, Heinrich Wilhelm: *Die Sagen der Antike.* Anaconda Verlag 2007

Symington, Neville: *Narzissmus*. Steidl Verlag 1997

Tress, Wolfgang et. al: *Spezifische psychodynamische Kurzzeittherapie von Persönlichkeitsstörungen*. In: Psychotherapeut 1 2003, S. 15-22

Wardetzki, Bärbel: *Weiblicher Narzissmus – Der Hunger nach Anerkennung*. Kösel 1991, 2005

Wardetzki, Bärbel: *Ohrfeige für die Seele. Wie wir mit Kränkung und Zurückweisung besser umgehen können*. Kösel 2000

Wardetzki, Bärbel: *Mich kränkt so schnell keiner! Wie wir lernen, nicht alles persönlich zu nehmen*. Kösel 2001

Wardetzki, Bärbel: *Kränkung am Arbeitsplatz. Strategien gegen Missachtung, Gerede und Mobbing*. Kösel 2005

Watkins, John G./Watkins, Helen H.: *Ego-States – Theorie und Therapie. Ein Handbuch*. Carl-Auer 2003

Willi, Jürg: *Die Zweierbeziehung. Spannungsursachen / Störungsmuster / Klärungsprozesse / Lösungsmodelle*. Rowohlt 1983

Willi, Jürg: *Was hält Paare zusammen?* Rowohlt 1993, 2008

Wirth, Hans-Jürgen: *Narzissmus und Macht. Zur Psychoanalyse seelischer Störungen in der Politik*. Psychosozial-Verlag 2002